무지코

무 지 코

1판 1쇄 인쇄 2014년 3월 10일
1판 1쇄 발행 2014년 3월 15일

지은이 이태상
펴낸이 전승선
펴낸곳 자연과인문
북디자인 신은경
출판등록 제300-2007-172호
주소 서울시 종로구 낙원동 58-1 종로오피스텔 605호
전화 02-735-0407
팩스 02-744-0407
홈페이지 http://jibook.net
이메일 poet1961@hanmail.net

ISBN 978-89-968063-6-3 03810
값은 뒤표지에 있습니다.

무지개를 타고 지상으로 내려온 코스미안

이태상 지음

자연과 인문

이 책을 내면서

'유문무답(有問無答)' 이니
'자문자답(自問自答)' 하리

2014년 3월

이태상

온 인류에게 드리는 공개편지 – 코스모스 바다

(Open Letter – The Sea of Cosmos)

2013년 9월 12일자 뉴욕타임스 오피니언 페이지에 실린 블라디미르 푸틴 러시아 대통령의 글 '러시아로부터 미국의 주의(注意)를 촉구하는 호소문'을 읽고 외람되나마 전 세계 전 인류 가족에게 드리는 편지를 이렇게 쓰게 되었습니다.

푸틴 대통령은 지난9월 10일 미국 대통령이 전 국민에게 행한 연설문을 신중히 검토해본 결과, 미국정책의 '예외성'을 강조한 버락 오바마 대통령의 주장에 동의할 수 없다며 "그 동기야 어떻든 사람들로 하여금 스스로를 예외적이라고 생각하도록 독려하는 것은 극히 위험하다"고 했습니다. 그의 적절한 지적에 독자의 한 사람으로 저도 동감입니다. 저는 인간뿐만 아니라 자연의 모든 존재들이 하나라는 진리를 굳게 믿습니다. 유사 이래 인류의 대부분의 비극은 두 가지 사고방식에서 기인했다는 것이 제 생각입니다.

그 하나는 독선독단적인 '선민사상'(選民思想)이고 또 하나는 어린 시절부터 세뇌되고 주입된 백해무익한 '원죄의식'이라고 봅니다. 옛날 선인들의 지혜로운 말씀대로 '피아일체(彼我一體)', '물아일체(物我一體)' 곧 너와 내가, 모든 물체와 내가 하나임을 진작부터 깨달았더라면 우리가 사는 세상이 훨씬 더 좋아졌을 것입니다. 쉽게 말해서 내가 너를 해치거나 도우면 나 자신을 해치거나 돕는 것이고, 자연을 파괴하거나 헤아릴 때 나 자신을 파괴하거나 헤아리는 것이 됩니다. 그래서 독일의 신비주의자 야곱 뵈메(1575-1624)가 말했듯이 "영원이란 우리가 사랑하는 대상 그 자체가 되는 그 순간"인가 봅니다.

저 자신의 얘기를 예로 들어보겠습니다. 저는 지금은 북한 땅이 되어버린 평안북도 태천에서 태어났습니다. 이차대전 종전으로 36년간의 일제식민지통치가 끝나면서 한국이 남북으로 분단될 때 저는 남쪽에 있었습니다. 동서냉전 긴장의 분출구로 동족상잔의 한국동란이 일어났으며 아직까지도 그 후유증이 계속되고 있는 상황입니다. 요행과 '죽기 아니면 살기'의 생존본능에 따라 모든 행운을 하나도 놓치지 않고 순간순간 최선을 다해 살아오다 보니 세상에 버릴 것은 아무 것도 없었습니다. 12남매 중 11번째로 태어나 다섯 살 때 아버지를 여의고 한국전쟁 당시 나이 열 셋에 집 없는 거리의 소년이 된 저는 어린 나이에 길을 떠났습니다. 삶의 의미와 나 자신의 자아의식을 찾아서…….

동양-서양, 남쪽-북쪽 어디 출신이든 큰 그림에서 볼 때 우리는 우주라는 큰 바다에 표류하는 일엽편주(一葉片舟)와도 같은 아주 작은 별 지구에 잠시 무지개를 타고('어레인보우 Arainbow') 머무는 우주적 인간 ('코스미안 Cosmian')입니다. 현재 있는 것 전부, 과거에 있었던 것 전부, 미래에 있을 것 전부인 대우주를 반영하는 소우주가 모래 한 알, 물 한 방울, 풀 한 포기 그리고 인간입니다. 이런 코스모스 우주가 바로 나 자신임을 깨닫게 되는 순간이 사람이라면 그 어느 누구에게나 다 있을 것입니다. 이러한 순간을 위해 우리 모두 하나같이 인생순례자인 '코스미안'이 된 것이 아닐까요. 우리 모두 다 함께 '코스모스 칸타타(Cosmos Cantata)' 합창을 부르며 하늘하늘 하늘에 피는 코스모스바다가 되기 위해.

8년 전 암 진단을 받고 저는 제 다섯 딸들에게 남겨 줄 유일한 유산으로 아빠가 살아온 삶을 짤막한 동화형식으로 작성하기 시작했습니다. 이 글에서 제가 강조 하고 싶었던 것은 아무리 힘들고 슬프고 절망할 일이 많다 해도 이 세상에 태어난 것이 태어나지 않은 것보다 얼마나 다행스러운가 하는 것입니다. 실연당한다 해도 누군가를 사랑해 본다는 것이 사랑 못해 보는 것보다 얼마나 아름다운 사실입니까. 이렇게 살며 사랑하노라면 우리는 비상(飛翔)하는 법을 배우게 되지 않겠습니까. 지난 7월에 43세가 된 저의 둘째 딸은 제 눈에 차는 남자를 만나지 못해 싱글로 살아오다 지난해 여름 인터넷 데이팅 서비스를 통해 한 남자를 만나 사랑하게 되었습니다. 영국 특수부대 비행기조종사로 의병제대한 피부암 말기 환자였습니다. 지난해 2월 16일엔 그의 임박한 장례식 대신 그의 삶을 축하하고 기리는 '삶의 축하 파티'를 스코틀랜드 에든버러 성(城)에서 열었고 3월 16일엔 에든버러 아카데미에서 결혼식을 올렸습니다. 결혼식에서 저는 다음과 같은 시 한 편을 낭송했습니다. 이 시는 최근 영문판으로 출간 된 저의 작품 '코스모스 칸타타 : 한 구도자의 우주여행 Cosmos Cantata : A Seeker's Cosmic Journey' 의 미국출판사 대표가 써준 축시입니다.

내가 알지 못하는 남녀 한 쌍에게

내가 만난 적은 없어도 이 두 젊은 남녀는
이들을 아는 사람들에게 깊은 인상을 주고
이들을 모르는 사람들에게도 큰 감동을 주네.

내가 만난 적은 없어도 이 두 젊은 연인들은
서로에 대한 헌신으로 똘똘 뭉쳐 오롯이
호젓하게 그리고 다른 사람들과 함께
삶의 축배를 높이 드네.

내가 만난 적은 없어도 이 두 사랑스런 영혼들은
저네들만의 세상을 만들어 전 세계에 여운으로
남는 감미로운 멜로디를 창조하네.

지난 8월 24일 46세로 남편이 타계했다는 소식을 듣고 저는 다음과 같은 이메일을 딸에게 보냈습니다.

사랑하는 딸 수아에게

사랑하는 남편 Gordon이 평화롭게 숨 거두기 전에 네가 하고 싶은 모든 말들 다 하고 그가 네 말을 다 들었다니 그 '영원한 순간'이 더할 수 없도록 복되구나. 난 네 삶이 무척 부럽기까지 하다. 너의 사랑 너의 짝을 찾았을 뿐만 아니라 그 삶과 사랑을 그토록 치열하게 시적(詩的)으로 살 수 있다는 것이.

사람이 장수하여 백 년 이상을 산다 한들 한 번 쉬는 숨, 곧 바닷가에 부서지는 파도의 포말에 불과해 우주라는 큰 바다로 돌아가는 것 아니겠니. 그러니 우리는 결코 우리 내면의 코스모스바다를 떠날 수 없단다.

사랑하는 아빠가

다음은 딸아이의 조사(弔辭) 일부입니다.

그를 만난 것이 얼마나 어처구니없도록 나에게 크나큰 행운이었는지, 우리가 같이 한 13개월이란 여정에서 아무런 후회도 없고, 나는 내 삶에서 완벽을 기하거나 완전을 도모하지 않았으나 어떻게 우리 자신 속에서 이 완전함을 찾았으며, 우리는 불완전한대로 완전한 사랑이란 절대균형을 잡았습니다.

Open Letter: The Sea of Cosmos

The Sept. 12, 2013, Op-Ed article in The New York Times: "A Plea for Caution From Russia" by Vladimir V. Putin, president of Russia, prompted me to write this letter to all my fellow human beings all over the world.

In concluding his plea, Mr. Putin says he carefully studied Mr. Obama's address to the nation on Tuesday (September 10, 2013) and that he disagreed about the case President Obama put forth when he stated that the United States' policy is: "what makes America different. It's what makes us [the United States] exceptional." I for one concur with President Putin's apt comment that "It is extremely dangerous to encourage people to see themselves as exceptional, whatever the motivation." From time immemorial, most, if not all, human tragedies have been visited upon us, in my humble opinion, by two major mindsets: One is the self-serving "chosen-species-racist" view, and the other is the harmful concept of "original sin" instilled in childhood.

I firmly believe in the truth that we, not only human beings, but all things in Nature are one and the same. We'd be far better off, if we were enlightened early on to realize we are related_part of each other_as the ancient aphorism goes: 피아일체 'pee-ah-il-che' in Korean phonetic alphabet and 彼我一體 in Chinese characters, meaning 'everybody (you and I) are one and the same'. And another aphorism goes: 물아일체 'mool-ah-il-che' in Korean phonetic alphabet and 物我一體 in Chinese characters, meaning 'all things and I are one and the same.' Simply put, when I hurt or help you, I'm hurting or helping myself; when I destroy or divine Nature, I'm destroying or divining myself. Perhaps that's why and how it's possible that eternity consisted of a flash of a lightning-like moment when we become the very object of our love-as the great German mystic Jakob Boehme(1575-1624) believed.

Let me further present my case-in-point. Born in now-North Korea, I happened to be in the south when the country was divided at the end of World War II, which ended the 36-year colonial rule of Korea by Japan; hence the Korean War in the heat of the Cold War tension and its ongoing aftermath. By virtue of serendipity and survival instinct of 'sink or swim,' I've always counted every stroke of luck as a blessing and believed nothing is to be discarded.

Eleventh of 12 children, I became fatherless at the age of five and homeless during the Korean War-when I was thirteen. Consequently, I went on a journey, at an early age, in search of the sublime in our human condition, seeking a cosmic identity in the greater scheme of things. No matter where one is from, if we look at things from the big picture, we all are 'cosmians arainbow' passing through as fleeting sojourners on this tiny leaf-boat-like planet earth-floating in the sea of cosmos. If each one of us, a grain of sand, a drop of water, a blade of grass, or a human being, is indeed a micro-cosmos reflecting a macro-cosmos of all that existed in the past, all that exists in the present and all that will exist in the future, we're all in it together, all on our separate journeys to realize we must all sing the Cosmos Cantata together. No one is exceptional and all of us are exceptional.

When I was diagnosed with cancer eight years ago, I started to compose a short, true story of my life in the form of a fairy tale for my five daughters as my only legacy.

All I wanted to say in my writings is this:

Always changing and impermanent though life is,
troubled and sorrowful though life is,
isn't it so much better to be born than not to be born at all?
Isn't it felicity in life to love somebody,
even if you may be crossed in love and heart broken?
It's such a beautiful, blissful and wonderful experience to live and to love.
By so doing we learn to fly and to soar.

And a small portion of my daughter's recent Eulogy to her husband reflects those sentiments:

I spoke of how ridiculously lucky I felt to have met him.

How I had no regrets about anything on our journey.

I told him that I had never sought for perfection in anything in my life.

But that somehow I had found it.

I had found it in 'us'.

We were perfect.

Perfect in our imperfections too.

Our imperfectly perfect balance.

And my friend reflected their exceptional lives in:

To The Couple I Do Not Know

I have never met those two young people,
Impressing those who know them,
Inspiring those who don't.

I have never met those two young lovers,
Wrapped in devotion to one another,

Celebrating life alone and with others.

I have never met those two sweet souls,
Securing a world of their own
While creating a lingering melody for the world.

After I learned of his (Gordon's) passing at the age of 46, I e-mailed the following short message to my daughter:

Dearest Su-a,

It is good to know that Gordon listened and understood what you had to say for an 'eternal' hour before he stopped breathing and he was gone so 'peacefully'.

Su-a, you are such an amazing girl. I'm even envious of you, not only for having found 'the love of your life' but more for living it to the best, to the fullest, so intensely, so poetically, very short though it was only for 13 months.

Even if one lives to be over a hundred, still it

will be nothing but a breath, a droplet of waves breaking on the shore, returning to the sea of cosmos. Thus we never leave 'the sea inside'.

Love, DadXX

Tae-Sang Lee is the author of Cosmos Cantata: A Seeker's Cosmic Journey (in English); Arainbow; Cosmian Arainbow; Hae-a, Let's Go to the Sea of Cosmos; My Heart is the Sea; and My Heart is the Cosmos (in Korean).

He also translated both Kahlil Gibran's Spirits Rebellious and Nymphs of the Valley.

Tae-Sang Lee
138B East Palisades Blvd.
Palisades Park, NJ 07650
1230ts@gmail.com
(201) 947-2414 (Home)
(917) 647-8956 (Cel)

차 례

행복한 항심(恒心)은 호기심이다

"행복한 항심(恒心)은 호기심이다. (The constant happiness is curiosity.)"

캐나다 단편소설작가 앨리스 먼로(82)의 말이다. 대법원은 지지난해 '노인비하' 발언에 이어 최근 여성을 비하하는 발언으로 물의를 빚은 서울 동부지부 유모(46) 부장판사의 사표를 수리했다고 발표했다. 유 부장판사는 지지난해 10월, 60대 여성 증인을 신문하던 중 진술이 불명확하게 들리자 "늙으면 죽어야 해요"라고 막말을 해 견책 처분을 받았었다고 한다. 여기서 우리 냉철히 한번 생각 좀 해보자.

'죽어야 할' 사람은 늙은이가 아니고 호기심을 잃어버린 '산송장'이 아닐까. 동심을 잃어버린 모든 어린이와 청소년을 포함한 중장년들 말이다. 노래를 잃어버린 새, 카나리아는 카나리아가 아니라고 하듯 모든 것 모든 일에 대해 호기심을 품는 동심을 잃어버리는 순간 인간은 더 이상 인간이 아니라고 해야 하지 않을까. 그리고 이처럼 매사에 호기심에 찬 동심에는 자연적인 태생의 배려심과 직관력도 있는 것 같다.

앞에 언급한 유 부장판사의 직설법과는 전혀 다른 직관의 직설법의 한 예를 들어보자. 지난 5년 동안 자기를 밤낮으로 늘 돌봐주신 외할머니가 하루는 "내가 이제 늙어서 힘이 드는구나." 하는 한탄하시는 소리를 듣고 다섯 살짜리 외손자가 "할머니, 걱정 마. 할머니는 버리지 않을 거야" 하더란다. 막내 딸네가 최근 뉴욕에서 뉴저지로 이사 오면서 오래된 물건들을 버리는 것을 눈여겨봤던 모양이다. 또 하루는 한국아이들이 많이 다니는 예비학교(Pre-school)에서 한국말이 서툰 한 급우가 방귀가 뭐냐고 묻자 'burping at the bottom(아랫도리로 트림하는 것)'이라고 설명하는 우리 외손자의 말을 옆에서 듣고 선생님이 배꼽을 잡으셨다고 한다. 딸들이 어렸을 때 애들 잠들 때까지 읽어주던 동화 가운데 '조그만 까만 수탉' 이야기가 있다.

꼬꼬댁 꼬끼오 하고 조그만 수탉 한 마리가 아침이면 닭장 위에 올라서서 울었다. 때로는 꼬꺄독 꼭끄 하기도 했지. 제 목청이 얼마나 좋은가 뽐내면서. 그렇지만 이 조그만 수탉은 제가 살고 있는 닭장이 구질구질하고 지겨워졌다. 그는 제 몸이 새까만 대신 번쩍 번쩍 눈부시게 빛나는 황금빛이었으면 했고 좁은 닭장을 떠나 넓은 세상을 구경하고 싶었다.

꼬꼬댁 꼭꼭 하고 울기만해서는 안 되겠다 생각하고 하루는 큰 맘 먹고 닭장을 떠나 세상 구경하러 나섰다. 얼마만큼 가다보니 상점들이 많은 어느 마을이 나왔다. 한 상점을 들여다보니 눈부

시계 번쩍거리는 물건들이 상점 안에 가득 차 있었다. 닭은 상점 안으로 들어갔다. 가게 뒤쪽에 있는 큰 작업장에서 일하고 있는 주인아저씨를 보자 그는 말했다. “아저씨, 저는 조그만 까만 수탉 신세가 싫어요. 저도 아주 근사하게 황금빛이 되어 세상을 두루 보고 싶어요. 제발 좀 도와주세요. 아저씨.” “네가 정 그렇다면 내가 널 도와줄 수 있지. 암 있고말고. 너 이 마룻바닥에 금가루 보이지. 자 그럼 이 바닥에 네 몸을 뒹굴리거라. 그러면 네 몸이 햇빛처럼 황금빛이 날 테니.” 주인아저씨가 시키는 대로 그는 신이 나서 금가루 속에 막 뒹굴었다. 머리끝부터 발끝까지 온 몸이 정말 황금빛이 될 때까지. 이때 마침 이 마을 성당 신부님이 성당의 성탑 꼭대기에 세울 바람개비를 주문하러 상점에 들르셨다. “신부님이 원하시는 물건이 바로 여기 있습니다.” 이렇게 말하면서 가게주인 아저씨는 이 조그만 수탉을 가리켰다. “꼬끼오댁 꼬기어” 하고 그는 좋아서 목청껏 외쳤다. 곧 이 수탉은 성당의 탑 꼭대기에 왕자처럼 올라앉아 세상을 내려다보게 되었다. 그러나 시간이 흐르자 혼자인 수탉은 외로워졌다. 이것이 황금빛으로 근사하게 높이 올라앉아 세상을 내려다보는 대가였던 것이다.

일찍부터 가을바람이 났던 탓일까 매년 가을이면 몹시 감상적이 되어 소년시절에 지어 부른 나의 ‘가을노래’를 다시 불러본다.

> 낙엽이 진다. 타향살이 나그네 마음속에 낙엽이 진다 / 그리움에 사무쳐 시퍼렇게 멍든 내 가슴속에 노랗게 빨갛게 단풍든 생각들이 으스스 소슬바람에 하염없이 우수수 흩날려 떨어지고 있다 / 임금도 거지도 공주도 갈보도 내 부모 형제 벗들도 앞서거니 뒤서거니 하나 둘 모두 삶의 나무에서 숨지어 떨

어지고 있다 / 머지않아 나도 이 세상천지에서 내 마지막 숨을 쉬고 거두겠지 / 그러기 전에 내 '마음의 고향' 찾아가 '영원한 나의 님' 품에 안기리라. 엄마 품에 안겨 고이 잠드는 애기같이 / 꿈꾸던 잠에서 깨어날 때 꿈에서 깨어나듯 꿈꾸던 삶에서 깨어날 때 '삶의 꿈'에서 깨어나 삶이 정말 또 하나의 꿈이었음을 깨달아 알게 되겠지.

그렇다면 살아 숨 쉬며 꿈꾸는 동안 새처럼 노래 불러 산천초목의 춤바람이라도 일으켜 볼까? / 정녕 그렇다면 꿈꾸는 동안 개구리처럼 울어 세상에서 보기 싫고 더러운 것들 다 하늘의 눈물로 깨끗이 씻어 볼까? / 정녕코 그렇다면 숨 쉬듯 꿈꾸며 도(道) 닦는 동안 달팽이처럼 한 치 두 치 하늘의 높이와 땅의 크기를 헤아려 재어 볼까? / 아니면 소라처럼 삶이 출렁이는 바닷소리에 귀 기울여 볼까? / 아니야 그도 저도 말고 차라리 벌처럼 갖가지 아름다운 꽃들 찾아다니며 '사랑의 꿀'을 모으리라 / 그러면서 꿀같이 단 꿈을 꾸어보리라.

사랑에 빠져야 오를 수 있지

중학교에 들어가 처음 영어를 배우면서 '사랑에 빠지다'는 뜻으로 'falling in love'란 말에 의문을 품게 되었다. '사랑'이 좋은 일이라면 긍정적인 '오르다'(rising) 대신에 왜 부정적인 '빠지다'(falling) 하는 것일까. 혼자 궁리에 궁리를 해봤다. 사랑(love)의 상징적인 글자 'o'에 빠져 허우적거리며 몸부림치다 보면 온 몸이 충만해져 화산이 폭발하듯 하늘로 솟아올라 물방울이 우주가 되듯 하늘과 땅이 하나 되어 그야말로 'hole'이 'whole'이 되나 보다고 내 나름의 풀이를 했었다. 히브리어로 '타~하~'하면 갓 태어난 어린애가 처음으로 눈을 뜨고 세상의 모든 것에 놀라워하는 경이로움이란 뜻이란다. 그러니 '오르기' 전에 사랑에 '빠질' 수밖에 없으리라. 술 취한 취객들 앞에서 악기로 흘러간 옛 노래를 연주하는 악사가 발견하듯 예술가의 진짜 고향은 창조물 창작품을 포기함으로써 찾을 수 있다고 체코출신 소설가 밀란 쿤데라는 그의 작품 〈익살〉에서 이렇게 말한다.

"난 이 노래들 속에서 행복했다. 슬픔이란 것이 가볍지도, 웃음이란 것이 구긴 얼굴도, 사랑이란 것이 우습지도, 그리고 미움이란 것이 겁먹은 것도 아닌, 사람들이 몸과 마음을 다해 사랑하는 곳이다. 이 노래들이 내 고향이었다. 그리고 이 고향을 내가 버리고 떠났었다면 그렇게 함으로써 이곳이, 이 노래들이 그 더욱 애틋하고 애절하게 잊힐 수 없는 노래, 돌아가야 할 내 고향이 되지 않았을까. 우리가 노래하고 연주하는 것들은 오직 기억과 회상일 뿐, 더 이상 이 세상에 없는 것을 상상으로 보존하는 것임을 깨닫게 되자 이 내 고향집이 서있는 땅이 내 발밑에서 꺼져버리는 것 같았다. 따라서 나도 함께 세월이란 깊은 강물 아니 바닷물 속으로 빠져들고 있었다. 어디까지나 사랑은 사랑이었고 아픔은 아픔이었던 곳, 깊고 더 깊은 못 심연 속으로. 그러면서 나는 스스로에게 말하는 것이었다. 나의 고향집은 바로 이 하강(下降), 이 추구의 열망 가득 찬 추락이라고, 이 향수에 젖은 낙향의 감미로운 혼미상태로 빠져들어 갔다."

아, 이것이 참으로 정말 역설의 진리였구나.
떠나와야 돌아가게 되고 떨어져야 떨어질 수 없지.

아, 그래서, 그리하여서 잃는 것이 얻는 것 되고
주는 일이 받는 일되며 가는 길이 오는 길 되고
내리막이 오르막 되며 비워야 채워지게 되고
낮춰야 높아지게 되며 낙엽이 져야 새잎이 돋고

해와 달도 저야 또 뜨며 내쉬는 숨 들이마시게 되고
내리는 비 구름 되어 오르며 마음에 담아야 꿈도 꾸게 되지.

아, 그렇군. 정말 그렇군. 기쁨이 슬픔의 씨앗이 되고
아픔 끝에 즐거움이 있지. 태어남이 죽음의 시작이고
죽음 너머 새 삶 있겠지. 적어도 영원한 기억으로 남아.

아, 정말 정말로 그래서 떨어져 떨어져 봐야 임이고
떠나와 봐야 고향이지. 그래서 임도 고향도
다름 아니고 못내 사무치는 그리움이지. 임도 고향도
너와 나 우리의 그리움 뿜어내는 사랑의 긴 숨이지.

강간 유감(有感), 바람타령

사자성어로 거긴안대(据緊安代)란 말이 있다. 편안함 대신 언제나 긴장을 늦추지 않고 열심히 사는 것을 택한다는 뜻이다. 최근 한국에선 20년 이상 중, 장년층 부부의 '황혼이혼'이 늘어나는 반면 4년 미만의 '신혼이혼'이 줄어드는 추세라고 한다. 영미법에서는 물론 한국 법에서도 부부간에 '강간죄'가 성립되는 것으로 알고 있다. 반대로 부부간에 성행위를 거부했다는 점이 이혼사유로 인정된 판례도 있는 것으로 또한 알고 있다. 그런가 하면 미국에서 미국인 남자와 결혼한 한국여자가 '구강성교'를 거부했다고 이혼당한 경우도 있었다. 미 연방 수사국(FBI)은 '강간'에 대한 정의를 80여년 만에 처음으로 확대했다는 보도다. FBI가 마련한 새로운 정의는 사상 처음으로 여성뿐 아니라 남성도 강간의 피해자가 될 수 있다고 규정하고 있다. 그러면서 성폭력에 저항했을 때에만 강간 피해자로 인정된다는 단서규정도 삭제했다. 이제까지는 피해자가 가해자의 공격에 저항하지 않았을 경우 강간 피해자로 인정받지 못했다. 1929년 이후 여성의 의사에 반한 강제적인 성행위를 강간으로 정의했었는데 개정된 정의에서는 성별제한이 사라졌고 약물이나 음주로 무기력해진 상대에 대한 성행위도 강간이란 범주에 포함됐다. 이 개정된 정의에 따르면 강간은 피해자의 응낙 없이 "신체 일부나 물건에 의해 질과 항문이 관통되는 것"이고 상대의 동의가 없는 상황에서 "성기에 의한 구강의 침투, 혹은 관통"도 강간에 해당한다.

타고난 천성이 내성적이라 소심한 탓이었을까 나는 이성에 대해서만큼은 너무 소극적이다 보니 한창 사춘기 때 차라리 어떤 여성한테 '강간'이라도 당해봤으면 했던 (아직도 좀 그렇지만?)기억이 있다. 내게는 바람둥이 친구가 하나 있었다. 그가 젊어서 너무 바람을 많이 피워 일찌감치 바람에 물렸는지 아니면 그의 바람 샘이 말라버렸기 때문인지 확실히 알 수는 없어도 그는 언제부터인가 독실한 기독교 신자가 되어 장로님으로서 교회 일을 열심히 보고 있다고 들었다. 이 친구는 치마만 둘렀다 하면 물론이고 바지 입은 여자까지 여자 얼굴이 박색이든 곰보이든, 몸집이 크든 작든, 상관 않고 다 좋아하는 그야말로 한국판 돈환이었다. 아직도 많이 덟지만 더할 수 없이 새파랗게 설었을 때 나는 이 친구를 친구로서 경멸하고 경계하면서 되도록 멀리 했다. 그토록 밥먹듯 수많은 여자를 농락하고 차마시듯 차버리는 사람이니 언제고 친구도 족히 배신할 수 있으려니 하고. 그러면서도 이 친구의 엽색행각을 나는 내심 부러워하면서 찬탄을 금치 못하고 그의 무용담을 침을 꿀꺽 꿀꺽 삼키면서 즐겨 듣곤 했다. 그의 결혼식 사회까지 보면서.

그런데 이 친구는 '강간'과는 거리가 멀어도 아주 멀었다. 지금 와서 돌이켜 생각해 보면, 참으로 멋있고 도통한 경지에 일찍 도달한 친구가 아니었나 싶다. 그는 절대로 먼저 여자를 건드리지 않고, 여자가 몸과 마음이 달아올라 스스로를 바칠 때까지 참고 기다리는 인내성과 재주가 있었다. 특히 얼굴이 못 생겼다든가 몸맵시가 없어 남자들이 거들떠보지도 않는 여자들, 아니면 여관 같은 데서 손님들 시중이나 들면서 밤낮으로 남녀가 서로 끌어안고 사랑하는 장면을 듣고 보면서 군침이나 삼키는 굶주린 여인들이 말이다. 이 친구는 총각 때는 물론이고 장가간 다음에도 여전했었다. 한번은 자기 고등학교 동창회 회보에 글을 하나 썼다고 했다. '애처가가 되는 길'이란 제목으로. 그의 비결이란 외도를 많이 한다는 것이었다. 그 당시에는 하나의 궤변으로 치부되고 말았었지만, 지금 다시 생각해보면 일리 정도가 아니라 십리 내지 십팔 리 이상 있을 법도 하다. 외도를 하고 나면 미안 천만해서라도 부인에게 더 잘하게 된다는 것이다. 선물도 사주고 밖으로 불러내 영화구경도 시켜주고 외식도락도 같이 즐기면서 여러 가지 방법으로 부인에게 속죄하고 보상하게 되기 때문이라는 말이었다. 잘 좀 생각해보면 외도를 하고 싶은 마음 굴뚝같아도 기회나 능력이 없거나 부인의 바가지가 무섭고 귀찮아서 못하는 남편은 그의 쌓이고 쌓이는 욕구 불만을 부인한테 뿐만 아니라 엉뚱망뚱하게도 죄없는 자식들이나 심지어는 직장의 동료와 부하직원들에게까지 만나는 모든 사람에게 신경질과 짜증 섞인 화풀이를 하게 되지 않겠는가. 성적인 또 나아가서는 심리적, 정신적 변비증환자가 되어 고약한 냄새만 피우게 될 테니까. 멀쩡한 인간이 스컹크로 전락하지 않도록 배려함이 외도라기보다 내도요 정도라 해야 할 것 같다. 모두를 위해서. 다시 한 번 더 생각해보면 부부간이건 부모형제 자식 또는 친구 사이에서건 서로가 서로에게 요구하고 기대하기 이전에 미리 알아서, 마음이 내켜서, 자발적으로 서로를 존중하고 사랑하고 위하는 길밖에 없으리라. 거짓 없이 억지 쓰지 말고, 절대로 강요도 구걸도 않고, 주고 싶은 대로 먼저 무조건 몽땅 전부를 주어보리라.

희망의 인간

자고로 인생순례자들은 모두 영국의 대법관이며 사상가 토마스 모어의 공상적 이상향 유토피아의 신기루를 좇고 있는 것 같다. 이 잡히지 않는, 좇아가면 좇아갈수록 멀어지는 신기루를 좇다 지쳐 기진맥진 쓰러져 숨진 사람이 부지기수이리라. 그러나 때로는 신기루 같은 이 환상적 환영이 잠시 현실로 나타나기도 한다. 물론 현실이란 것 자체가 일종의 환상이라면 환상이겠지만. 그 한 예로 아시아에서는 한반도가 그렇듯이 유럽에서는 폴란드의 경우를 들 수 있다. 동, 서로 갈린 양극 사이에 위치한 나라, 우리가 살고 있는 세계의 축소판이라 할 수 있는 폴란드가 근년에 계속 뉴스의 초점이 되어온 것처럼 상반되는 양극 사이에서 고뇌하고 고통을 겪는 사람들의 이야기가 영화화면을 통해 사실적으로 나타나기도 한다.

18회 부산국제영화제에서 안제이 바이다 감독의 〈바웬사, 희망의 인간〉이 상영되었다. 지금으로부터 33년 전 같은 감독이 만든 〈철의 인간〉에 단역으로 출연한 바웬사는 33년 전 11월 스물 둘에 분신한 전태일과 달리 47세에 대통령까지 되었다. 1943년생으로 지난해 바웬사의 70회 생일을 맞아 만든 영화라고 한다. 1926년생인 바이다는 16세부터 레지스탕스로 70년을 오로지 저항 영화인으로 살아왔다. 30여 년 간격으로 만들어진 이 두 영화는 둘 다 1980년 노동투쟁을 다뤘지만 이번 영화는 바웬사가 주인공으로 등장한다. 초등학교와 직업학교밖에 다니지 않아 읽은 책이 하나도 없다며 자신은 소위 지식인이라고 하는 사람들에게 전혀 열등감을 느끼지 않는다고 당당하게 말하는 점이 너무도 신선하다. 민주화운동이 강성일변도의 지식인이 아닌 순수 노동자가 앞장서 타협을 통해 협상에 성공해 1983년의 노벨평화상 수상자가 되고 1988년 민주선거에서 '연대'의 압승을 이끌어 낸다.

1981년 칸느영화제에서 수상한 〈철의 인간〉은 허구와 현실이 전적으로 통합된 '역사 그 자체'란 평을 얻었었다. 이 영화는 바이다 감독이 1976년 제작, 감독한 영화 〈대리석 인간〉의 속편으로 2차대전 직후의 낙관적 희망이 50년대 스탈린 공포시대를 겪고 냉소적인 부정부패로 무산되는 과정을 여실히 보여준다. 40년대에 정부당국이 생산목표를 초과달성토록 노동자들을 독려키 위해 한 벽돌공을 '충격요원' 모범노동자로 뽑아 국민의 영웅으로 치켜세워 이용한 후 그를 반동으로 몰아 그는 투옥되었다가 행방불명이 된다. 〈대리석 인간〉에서 이 벽돌공의 생애를 한 젊은 TV방송국 여기자가 추적한다. 그리고 〈철의 인간〉이 이 스토리를 이어

간다. 심층취재에 나선 이 여기자는 도처에서 침묵의 벽에 부닥친다. 그러다 실종된 노동자의 아들을 찾게 되고 방송국에선 해고되며 그 아들과 결혼한다. 여기자가 찾던 노동자영웅은 1970년 그디니아 의거 때 사살된 것을 알게 된다. 독학한 이상주의자였던 아버지와는 다른 배경과 견해를 갖고 아들은 그단스크 레닌 조선장 노조파업을 주도한다.

한편 비밀경찰의 사주를 받은, 알코올중독자인 라디오방송기자가 이 파업 지도자에 대한 흑색선전을 편다. 파업을 야기한 일련의 사건과 파업의 종국적인 승리가 등장인물들의 관점에서 조명되고 있다. 1970년 파업 현장을 몰래 찍은 뉴스영화 필름이 어느 한 파업노동자를 경찰이 구타하는 장면을 생생히 보여주고 있다. 담뱃불을 붙이기 위해 잠시 구타를 중단하는 장면이 나온다. 그리고 당시 폴란드 정치와 경제개혁의 주역인 자유노조의 지도자로 대통령에 당선된 바웬사도 등장, 이 영화의 주인공 결혼식에 증인으로 사회를 본다. 억압적 이데올로기를 고발하는 이 감동적인 영화는 예술과 역사를 통합한 걸작 명화로 길이 남을 것이다.

안제이 바이다의 동적인 드라마 〈대리석 인간〉과 〈철의 인간〉에 비해 그의 후배 크지슈토프 자누시(Krzysztof Zanussi)가 감독한 영화 〈불변수〉는 실제 인물과 사건들을 통해 일반 도덕, 윤리적인 문제들을 냉철하게 분석한 작품으로 1980년 칸느영화제에서 최우수 감독상을 받았다. 이 영화의 제목 〈불변수〉는 주인공 젊은이가 그의 여가에 하는 공부, 수학적 개념뿐이 아니고 마르크스주의 윤리에 집착한 사회에서 변치 않는 어떤 항구적인 도덕적 가치기준을 추구하는 그의 집념을 뜻한다. 이 영화는 1980년 폴란드의 그단스크 파업사태를 통해 드러난 사회의 도덕적 파산 상태를 부각시킨 역작이다. 이 영화의 주인공은 독불장군처럼 부패한 사회 풍토에서 개선될 희망이 없지만 타락을 거부한다. 직장을 얻으려면 또 죽어가는 가족을 병원에 입원시키려면 꽤 영향력 있는 빽이나 줄 아니면 상당한 뇌물을 제공할 수 있는 돈이 있어야 한다는 것을 이 젊은이는 알게 된다. 전시 광고 대행회사 직원인 그는 그의 동료들이나 상사가 모두 제 직무수행보다 각자 제 뒷주머니 챙기는 일에 혈안이 되어 있는 것을 발견한다. 동조하지 않은 그는 결국 희생되고 물러난다. 수학적인 은유를 계속 음미하면서 젊은이는 그의 이상이 실현될 수 있는 확률을 계산해 보고 있는 것으로 영화는 끝난다. 카오스의 혼돈과 암흑세계를 지나 비로소 도달할 아름다운 우주 코스모스를 좇는 코스모폴리탄 아니 코스미안의 궁극적인 비전은 찬란할 수밖에 없으리라. 비록 이 순례자의 고달프고 고통스러운 진로가 무섭고 끔찍할 뿐이라고 해도.

그리고 우리가 또한 기억해야 할 것은 미국의 흑인 민권 운동가였던 마틴 루터 킹 목사(1964년 노벨평화상 수상)가 한 말처럼 "모든 사람이 다 자유롭지 못한 한 아무도 참으로 자유로울 수 없다"는 것이고 "우리 모두가 형제, 자매처럼 서로 도우면서 다 같이 잘살지 않으면 바보들처럼 다 못살게 된다."는 것이다. 이솝우화에서와 같이 외나무다리를 저 혼자만 건너가겠다고 서로 싸우다가는 둘 다 물에 빠져 죽듯 너 죽고 나만 살자 하다가는 다 못살고 죽게 된다.

미치도록, 취하도록, 죽도록

"예술의 혜택을 올바로 이해하려면 예술을 언제 밀쳐두어야 하는지 알아야 한다. 일정 시점이 되면 우리는 미술관이나 공원 안의 조각품을 떠나 예술의 진정한 목적인 삶의 개혁을 추구해야 한다. 우리는 더 멀리 나아가야 한다. 예술의 진정한 목적은 예술이 덜 필요하고 덜 예외적인 세계를 창조하는데 있다."

이렇게 2008년에 영국 런던 중심가에 '인생학교'를 세워 어른들의 삶의 질을 높인다는 모토로 죽음, 결혼, 구직, 야망, 자녀교육 등 삶에 밀접한 내용을 다루는 교육을 진행하고 있는 프랑스 작가 알랭 드 보통이 그의 최근작 〈영혼의 미술관〉에서 역사 속 예술작품 140여점을 따라가며 '예술이 무엇을 위해 존재하는가.'라고 예술의 가치를 묻는다. 그의 '인생교육' 과정은 현재 미국, 호주, 브라질, 네덜란드, 터키 등에도 설립돼 있고, 지난 5월 방한한 작가는 한국에도 그의 '인생학교'를 설립할 의사를 밝힌 바 있다고 한다.

〈진실로, 미치도록, 철저히(Truly, Madly, Deeply)〉 이것은 1990년 제작, 1991년 개봉된 영국 판타지 음악 드라마 영화제목이다. 죽은 애인을 미치도록 그리워하는 그녀에게 그의 유령이 찾아오는 이야기다. 언젠가 한국의 모 시인이 '시는 메타포'라고 했다. 맞는 말임에 틀림없겠다. '너머'라는 뜻의 희랍어 '메타(meta)'와 '뭔가를 지닌 사물이나 부분'을 의미하는 '포어(phore)'를 합성한 복합어로 암시만 되어있는 비유, 은유, 암유를 가리킨다면 말이다. 그러나 정말 시인이 따로 있는 것일까. 여인들은 우릴 시인이 되게 하고 어린이들은 우릴 철인으로 만든다는 말이 있다. 실천 실행하고 사는 사람은 설교하지 않는 법이다. 자고로 부처의 눈으로 보면 모두가 부처님이요, 돼지 눈에는 돼지로 보인다고 하듯이 아름다움을 찾는 사람에겐 아름다움만 눈에 띌 뿐이다. 그러니 미국의 철인 랠프 월도 에머슨의 말처럼 "어떤 언어로 무슨 소리를 해도 너 이상의 말을 할 수 없다"고 해야 하리라. 인류학적으로 고찰해보더라도 우리 원시 조상들이 동굴에서 살 때 건강한 사람들은 다 사냥이나 열매나 곡식 거두러 산과 들로 나가고 불구자나 병약자만 동굴 속에 남아있다 보니 무료한 시간을 보내기 위해 동굴 벽에 그림도 그리고 글도 쓰게 되었다 하지 않나.

현대 서양 문학사상 가장 정열적이고 감동적인 시를 썼다는 영국 웨일즈의 시인 딜란 토마스(1914-1953)가 그의 〈런던에서 타

죽은 한 어린애의 죽음을 애도하지 않겠노라〉는 글에서 "너 좀 기다려 봐. 난 폭발할 때까지 죄를 지을 거야. 사람이 한 번 죽지 또 죽느냐"는 그의 말대로 살다 죽은 것처럼 미쳐보는 것 말이다. 그러고 보면 사람들은 모두 미쳐 사는 것 같다. 미치면 미치는 만큼 신나게 살 수 있지 않을까. 세상에 미친 사람만큼 행복한 사람도 없을 것 같다. 그렇다면 무엇에 미치는 가에 따라 또 큰 차이가 있으리라. 종교에 미칠 수도 있고, 예술에 미칠 수도 있고, 아니면 돈이나 명예나 권력에 미칠 수도 있겠지. 돈, 명예, 권력 있는 자들은 남 보기에 좋아보일지 몰라도 남의 시기와 증오의 대상이 될 뿐더러 갖고 있는 돈, 명예, 권력을 남한테 빼앗기고 잃을까봐 전전긍긍 사서 고생하는 사람들인 것을 알 수 있지 않나.

여기서 우리 생각 좀 해보자. 종교에 미치는 것이 허깨비에 홀리는 일이라면 예술에 미치는 것은 삶 그 자체보다 그 그림자를 좇는 일이 아닐까. 마치 사물이 그 그림자를 위해 존재하는 것으로 착각, 진품보다 모조품을 애지중지하는 것처럼. 눈에 보이는 사람도 사랑하지 못하면서 눈에 안 보이는 신을 사랑한다는 것도 그렇고, 자기 자신도 제대로 사랑하지 못하면서 어떻게 이웃을 참으로 사랑할 수 있을까. 또 예술을 한답시고 남들처럼 열심히 살지 않고 그저 사는 흉내나 내면서 문화적인 귀족 특권층인양 행세하는 자칭 시인, 문인들의 수박 겉핥기는 어쩌고. 시 쓰고 글 쓰는 사람이 따로 있나? 아무나 사랑하는 가슴으로 또 아름다움을 보는 눈으로 쓰는 것이 시라면 사랑하며 사는 생활체험수기 이상의 글이 있을까. 저들은 실제로 살아보는 대신 상상으로, 환상으로, 망상으로, 말로, 글로 때워버리는 사람들 아닌가. 마치 일부

신부, 목사, 중 등이 소위 성직자나 도사(道士/導師)들이 설교와 기도나 염불, 그들의 말로 실천하고 사는 행동을 대신하듯. 그렇다면 허깨비 같은 종교나 그림자 같은 예술에 미치기보다 삶 그 자체에 미쳐보는 것 이상 없지 않을까. 열심히 살아보는 것 말이다. 열심히 산다 해도 고역 치르듯 사는 것은 정말 삶의 기쁨을 모르고 헛사는 것 아닐까. 고생(苦生)이 아닌 낙생(樂生)을 할 수 없을까. 암, 있고말고! 있다 뿐이랴. 그 비결은 사랑을 하며 사는 일일 것이다. 이럴 때 비로소 자는 것, 먹는 것, 일하는 것, 숨 쉬는 것, 일거수일투족, 일거일동, 모든 것이 가슴 설레고 뿌듯하고 황홀한 삶의 향연과 끝나지 않는 영원한 밀월여행이 되지 않을까.

정녕 삶의 본질이
사랑 아니더냐?
삶의 숨결이 사랑이요.
삶의 날개가 사랑이요.
삶의 꿈이 사랑이요.
삶의 완성이 사랑이요.
삶의 시작도 끝도
사랑이 아니더냐?
사랑을 모르고 사는 억만 년보다
사랑을 하는 한 순간이
그 얼마나 더 한없이 보람되고 복되랴!
미칠 바에는 삶에 미치고 사랑에 미치리라.
취할 바에는 삶에 취하고 사랑에 취하리라.
정말 미치도록 취하도록 죽도록.

윤회전생 믿어야 하나

'생명'이란 무엇이고 또 '우주'란 무엇일까? 이런 의문 자체가 하릴없는 백일몽 잠꼬대이겠지만 그래도 이 영원한 수수께끼에 대한 궁금증은 어쩔 수 없으리라. 흔히 생물학자들은 생물과 무생물의 차이를 세 가지 특징으로 구분한다. 그 첫째는 성장과 발육이고 둘째는 생식과 번식이며 셋째는 에너지 소모와 소비다. 그렇다면 동, 식물은 생명체로 구분되겠지만 광물질은 어떤가. 예를 들어 크리스털 수정도 성장하고 번식하며 에너지를 소모한다지 않나. 그리고 모든 생명체의 가장 기본적인 원소는 탄소인데 DNA(deoxyribonucleic acid) 디옥시리보 핵산과 RNA(ribonucleic acid) 리보 핵산 등으로 구성되어있다고 한다.

지난 반세기 간 자연과학의 상대적인 두 분야가 역사적인 과도기를 거친 후 '표준 모델(standard model)'이라 불리는 이론을 같이 받아들이게 되었단다. 이 상대적인 두 분야란 '우주론(cosmology)'과 '소립자물리학(elementary particle physics)'으로서 우주의 최대거리와 최소거리를 각기 측정해왔다. 우주론자들은 우주가 100억 광년에 걸쳐 투명해진 이래 빛이 닿을 수 있는 가장 먼 거리인 우주평선(cosmic horizon)을 바라보는가 하면 소립자물리학자들은 원자핵보다 훨씬 짧은 거리를 탐구하는 동안 불가사의하게도 이 상반되는 거시적 관찰과 미시적 관찰 내용이 결과적으로 융합, 일치한다는 것이다. 그렇지만 과학자들이 거듭 발견하게 되는 것은 아무리 연구를 하고 과학이 발달해도 하면 할수록 과학의 한계를 깨닫게 된다는 것이다. 뉴턴의 만유인력이나 아인슈타인의 상대성 이론이 양자론에서 무위(無爲)가 되듯 말이다. 따라서 천체생물학자들과 천문학자들이 계속 경탄의 탄식을 금치 못하고 아이작 뉴턴(1642-1727)의 고백을 반복할 뿐이란다.

세상 사람들이 날 어떻게 생각하는지 몰라도
난 바닷가 모래사장에서
좀 더 예쁘고 매끄러운 조약돌과 조가비를 줍고 노는 어린 애일 뿐.
진리의 대양은 내게 미지의 세계로 남아 있다.

I don' t know what I may seem to the world,
But as to myself,
I seem to have been only like a boy
Playing on the seashore and diverting myself in now and then

Finding a smoother pebble or a prettier shell than ordinary,

Whilst the great ocean of truth lay all undiscovered before me.

영국 농요 자장가에 이런 것이 있다.

나이든 슬기로운 부엉이 한 마리가 참나무에 앉아,
이것저것 많은 것을 보면 볼수록 그의 말이 줄었지.
그의 말수가 줄면 줄수록 그는 더 많은 소리를 듣게 되었지.
우리도 이 나이든 슬기로운 새같이 될 수 없을까.

A wise old owl sat on an oak,
The more he saw the less he spoke,
The less he spoke the more he heard,
Why aren't we like that wise old bird?

아인슈타인도 고백했다. "진지하게 과학적인 탐구를 하는 사람이라면 우주법칙을 통해 그 어떤 하나의 신적(神的) 영(靈)이 명백하게 나타난다고 확신하게 될 것이다." 그가 말한 '우주법칙'이란 우리 동양의 '도(道)'를 뜻하는 것이리라. 그럼 이런 '도(道)'란 어떤 것일까. 그리고 또 힌두교와 불교에서 말하는 윤회전생(輪廻轉生)을 믿어야 하나?

청소년 시절 나는 한때 내세(來世)가 있다고 가정해서 '천당'은 없어도 '지옥'보다 억 만 배 더 끔찍한 곳이 꼭 있어야 한다고 울부

짖은 적이 있다. 세상의 못된 짓 다 하고도 벌 받기는커녕 호의호식하면서 갖은 부귀영화 다 누리는 자들을 위해서 말이다. 최근에 와서는 서양에서도 많은 사람들이 '윤회'를 비록 믿지는 않아도 그 가능성만큼은 인정하게 된 것 같다. 꿈속에서의 또는 최면상태에서의 전생(前-轉生)삶에 대한 기억을 녹음해 과학자들과 인류역사학자들이 추적해본 결과 많은 경우 '사실(事-史實)'로 판명되고 있단다. 그렇다고 할 것 같으면 이 삶의 수수께끼를 어떻게 풀어볼 수 있을까? '내 인생에 가을이 오면'이란 시에서 20대에 요절한 시인 윤동주(1917-1945)는 이렇게 읊었다.

내 인생에 가을이 오면
나에게 물어볼 이야기들이 있습니다.
사람들을 사랑했느냐고,
열심히 살았느냐고,
사람들에게 상처를 준 일이 없었느냐고,
삶이 아름다웠느냐고,
어떤 열매를 얼마만큼 맺었느냐고,
후회 없는 삶을 위하여…….

그가 마치 아침이슬이 아침햇살을 받기도 전에 증발해 샛별이 되어 우리 모두에게 영원한 사표(師表)가 된 것처럼 우리 각자의 삶 그 자체가 전세(前世), 현세(現世), 내세(來世)를 하나로 아우르는 '도정(道程)'이 되리라. 그러고 보면 정신적으로 영적(靈的) 지진아라 할 수 있는 서양 사람들이 기원후 2천 년이 지나서야 철이 좀 들려고 하는 것 같다. 진리를 탐구한답시고, 하나의 통일된, 아니 모든 것을 내포한, 아니 그보다도 불가분의 관계를 맺고 있는, 도 닦는 학문을 종교다, 철학이다, 윤리다, 예술이다, 또는 수학이다, 물리학이다, 화학이다, 생물학이다, 천문학이다 하여 정치 경제 사회 교육 심리 공학 등등 수십 수백 가지 파편으로 산산조각 깨트리고 터뜨려 마치 불꽃놀이 하듯 잿더미로 다 만들어 놓고서야……. 자언을 정복하고 길들인다고 제 무딤 제가 파듯 정신없이 자연의 질서와 자연환경 생태계를 파괴하고 더럽히면서 아름다운 우리 지구촌 강산을 쓰레기더미 시궁창으로 만들어 놓는다면 어쩌겠는가. 인간을 연구하고 조사한다고 영과 육을, 심(心)과 신(身)을 분리시켜 놓고, 너와 나를 흑, 백, 선, 악으로 갈라놓고, 멀쩡하게 산 사람을 시체 해부하듯 사람을 산송장 아니 기계인 로봇으로 거의 다 만들어 놓고서야 말이다. 이것이 다 우리 동양에 뿌리를 둔 진리 '물아일체(物我一體)'와 '물심일여(物心一如)'의 '도(道)'로부터 멀리 이탈해온 탓이리라. 또 그러고 보면 모든 것이 더할 수 없이 아주 아(세아)주(亞細亞洲) 자명(自明)해지지 않는가?

자아발견_현실창조

"세상이여 반갑다. 사람들이여 고맙다." 신문기자 출신 평론가 김병익씨의 회고록 〈글 뒤에 숨은 글〉의 마지막 문구이다. 또한 월터 드루엣 앤더슨의 책 〈현실은 전과 같지 않다〉에서 저자는 이렇게 주장한다.

"오늘날 우리 대다수는 신자라기보다 믿음의 소유자들이다. 쉽사리 또 자주 전향 개종한다. 종교적인 신앙을 추구하는 사람도 한 종교뿐 아니고 여러 종교를 통해 찾는데 현대식 방법이 사용되고 있다. 이것을 버리고 저것을 취하거나 또 다른 것을 제게 맞게 수정 응용한다. 과거에는 문화적인 양식과 형태를 갖춘다는 것이 신비 속에 싸여있었으나 지금은 민주화되어 개개인마다 자기 자신을 위해 자유롭게 제 자신의 신원(身元)과 현실을 만들어 내고 현실이란 새 상품의 기업가들은 새 역사, 새 과학, 새 종교, 새 정치 등 새로운 제품을 창조 개발하는데 마치 어린 아이들 물장난 치듯 신바람이 난다."

중국고전을 TV로 강의해 장안에 숱한 화제와 논란을 불러왔던 동양철학자 도올 김용옥 씨는 10여 년 전 '불교의 본래 모습-달라이 라마를 만난 후'라는 강연을 통해 '불교는 무신론이며 과학'이라고 역설했다. 그러자 "불교를 자기 식으로 고착화하고 과장하는 것은 부처님의 가르침을 망치는 것"이라며 팔리문헌연구소장인 마성스님이 김씨의 신간 〈달라이 라마와 도올의 만남〉의 오류와 과장 등을 조목조목 지적한 글을 불교 인터넷 언론인 '붓다뉴스'(buddhanews.com)에 올렸었다. 그 당시 영국에 사는 친구로부터 받은 편지내용 일부를 공개한다.

"도덕경 이야기를 하셨는데 생각나는 게 있어 몇 자 읊어볼까 합니다. 얼마 전에 '도올을 울린 여자'와 '노자를 웃긴 도올'이란 제목 하에 월간중앙 기사를 읽을 기회가 있었는데 참으로 통쾌한 글이었습니다. 이야기의 초점은 이름 없는 아주머니가 유명한 대학교수요 철학자인 도올을 상대로 시비를 거는 글이었습니다. 그 아주머니의 이름은 기억이 잘 나지 않습니다만 요즘 인기절정의 도올이란 자가 TV에서 노자, 공자 강의를 하여 시끄러운데 그 내용이 아주 노자나 공자를 웃기는 것이랍니다. 도덕경 강의에는 노자가 없고 논어 강의에는 공자가 없으며 불경 강의에는 부처가 없다는 말로 도올을 정면으로 깔아뭉갰답니다."

이 편지에서 친구는 자신의 소감도 피력했다. 단지 번역의 차이에서 오는 논쟁인 것을 어느 쪽이 맞는지는 2500년 전으로 돌아가 노자한테 물어볼 수밖에 없지 않은가. 그 아주머니의 주장은 철학 강의가 지식인들의 전유물이거나 엘리트화해서는 안 된다는 것으로 마치 하버드를 나와야만 이해할 수 있는 것처럼 보인다든지 공자를 '공짱구'로 표현하고 노자를 '책략가'이고 쿵푸의 달인이며 깡패와 칼잡이들의 우상이고 하는 결례는 물론 도덕경의 해석도 엉터리라는 것이었다. 이런 공자의 태생을 천하다고 하면서 자기는 부유한 의사 집안에 태어나 온갖 부의 혜택을 다 받고 엘리트코스만 두루 밟은 선택받은 귀족이라 자랑하는 심사는 무엇인가? 이런 지식재벌, 지식귀족이 철학의 대중화를 공으로 내세우면서 성현들을 마음대로 깔아뭉개는 작태가 왜 용인되어야 하는가 묻고 있는 것이다. 물론 재미있게 강의를 하는 것은 좋지만 제대로 지식전달을 해야 한다는 것과 개그쇼가 되어서는 안 된다는 말이었다. 과학자는 아무리 형편없는 인간성의 소유자라고 할지라도 그 원리만 배우고 추구한다지만 철학은 철학자의 인품을 이해하지 않고는 존재하지 않는다는 것이다. 그런데 노자, 공자를 폄하해 가면서 자기만이 알 수 있고 자기만이 강의할 수 있다는 것은 자만심에 사로잡힌 무늬만 지식인일 뿐이라는 것이었다.

우리 생각 좀 해보자. 세상에 예수, 석가모니, 공자, 노자 등 그 누구를 막론하고 다 하나뿐 전무후무의 유일무이한 존재가 아니겠는가. 너와 나를 포함해서 세상에 태어난 사람 모두가 그렇다. 그 아무리 다른 사람한테서 배울 점, 본받을 점이 많다 해도 그 모두가 '참고사항'일 뿐이지, 그대로 전부 다 너나 나에게 꼭 들어맞을 수 없고 또 그러는 것이 결코 바람직하지도 않다. 모두가 예수나 석가모니처럼 '히피'나 '걸인'이 될 수도 되어서도 안 될 일 아닌가. 좀 극단적으로 비유해서 사람의 말소리 몸짓을 흉내 낸다고 앵무새나 원숭이가 사람이 될 수 없듯이 예수나 석가모니의 말씀을 입버릇처럼 되뇌고 그들의 행적을 뒤밟아본들 너나 내가 예수나 석가가 될 수는 없는 일이다. 아무리 부모자식, 스승과 제자 사이라도 너는 너의 나는 나의 '고행'을 하고, 각자 각자의 '십자가'를 지고 제각기 자기를 발견하고 자기만의 깨달음을 얻어 자아실현 자아완성을 도모해야 할 것이다. 왜냐하면 자아발견을 통해 이웃을 발견할 수 있고, 자아실현을 통해 참된 이웃관계를 맺을 수가 있을 테니까. 이럴 때 비로소 너와 나를 분간할 수 있고, 동시에 네가 나고 내가 너라는 사실을 깨닫게 되리라. 갓난아이가 점점 눈을 뜨고 조금씩 걸음마하며 배워가듯 나 없이 네가 있을 수 없고 너 없이 내가 있을 수 없음을 알게 되리라.

언젠가 한국의 결혼정보회사 '비에나래'가 전국의 20, 30대 미혼남녀를 대상으로 '결혼 후 2세가 어떤 사람과 닮기를 바라는가.'에 관한 e-mail 인터넷 설문조사를 실시한 결과를 발표했는데 설문자체가 부적절하지 않았을까. 아무도 닮지 않은 전무후무의 유일무이한 개성과 특성을 지닌 2세가 더 바람직할 테니까.

콘돔(고무장화)의 뜻

"내가 좋아하는 사람들에게서 어떤 공통점을 찾을 수는 없어도 내가 사랑하는 사람들에게서는 찾을 수 있다. 모두가 다 나를 웃긴다는 점이다." 이렇게 말한 영국시인으로 미국시민이 되었던 W. H. Auden과 나도 동감이다. 따라서 웃기는 소리 한두 마디 해보리라.

젊은 날 술 좋아할 때는 술장사 했고, 책을 좋아해 책장사도 했으며, 어려서부터 미국의 단편소설작가 윌리암 시드니 포터의 필명인 오 헨리의 〈메이좌이의 선물〉에 나오는 남자 주인공이 되어보기도 했다. 주인공 남자는 시계 팔아 여자 빗 사주고 여자는 머리 잘라 남자 시계 줄 사주는 '크리스마스 선물' 이야기에 두고두고 감동했는지 하고 많은 장사 중에 한 때 나는 '가발'장사도 했었다. 그런데 생각해보면 머리 못지않게 발 또한 중요하다는 생각에서 또 '미친년 가발' 씌워주기보다 '거지발싸개' 고쳐주는 것이 더 보람 있는 일이 아닐까 하고 가발대신 구두수선으로 업종을 바꾸거나 아니면 겸업을 해 볼까 생각도 했었다. 그런데 더 좀 생각해보면 날로 퍼져가는 에이즈 병을 예방하기 위해서라도 세계 방방곡곡 곳곳에 각양각색의 '고무장화' 콘돔만 파는 연쇄점이 생겼으면 좋겠다는 생각을 했었다. 요즘은 미국 공립학교는 물론 사립학교에서도 학생들에게 무료로 배부되고 있다는 이 콘돔이 주로 성병예방이나 피임용으로 사용되고 있지만 옛날 내가 어렸을 때 그러니까 지금으로부터 69년 전 해방 직후에는 우리 어린이들에게 아주 색다르고 별스런 장난감이었었다. 그 때 나는 우리나라에서 학생 수가 제일 많다는 서울 동대문 밖 종암국민학교 3학년이었다.

제2차 세계대전에서 일본이 패하자 그 동네에 살던 일본 사람들이 두고 떠난 적산 가옥에 코쟁이 미국 사람들이 살게 되면서부터 우리 어린이들은 보물 찾듯 그런 집 쓰레기통을 뒤져 오그라든 '고무장화'(지금 생각해보니 요샛말로 콘돔)를 고무풍선으로 신나게 불고 다녔다. 오늘날 어린이들은 옛날에는 상상도 할 수 없던 전자오락 비디오 게임이다 컴퓨터다 별의 별 장난감을 다 갖고 놀지만 내가 어렸을 때는 갖고 놀 수 있는 장난감이래야 좀 두꺼운 종이로 만든 딱지, 나무를 깎아 만든 팽이나 자치기, 엽전을 종이로 싸서 두 끝을 구멍으로 내어 갈래갈래 찢어서 이를 많이 차기 내기하는 제기가 고작이었다. 그러던 어린이들에게 너무도 신기하고 새로운 장난감이 생긴 것이었다.

자 이제 이 '콘돔(condom)'이란 단어 풀이 좀 해보자. 사람의 생명을 좌우하는 기구로서의 그 중요성을 감안할 때 결코 무의미하지 않으리라. 영어로 'con'이라 함은 라틴어로 반대한다는 뜻의 'contra'의 약자이고 우리말로 '돈 놈'의 약자 '돔'과 함께 '콘돔'이란 단어가 생겼을 법 하다. 아니면 조건부란 뜻의 'conditional'의 약자인 'cond'에다 산스크리트 범어의 '옴'자를 갖다 붙여 잡스러움이 붙지 않고 엄마, 어머니의 '엄'의 변형 '옴'자로 세상 모든 것의 근본을 찾아 순간순간의 삶을 사랑으로 채워보라는 것 아닐까. 그도 아니면 마음의 반성 또는 집중상태를 가리키는 '생각하는 모자(thinking cap)'를 쓰고 아니 끼고 자중자애(自重自愛)하라는 뜻이었으리라. 어쩌면 그래서 "남자들은 그들의 성기로 생각한다.(Men think with their penes.)" 는 말이 서양에 있나 보다.

연애지상주의냐 솔로냐

지지난해 말 창간호를 낸 뒤 계절마다 나오는 계간 〈홀로〉는 연애하지 않는 사람을 문제 있는 '미완의 존재'로 보는 연애지상주의를 깨는 잡지란다. 연애를 하지 않는 삶이 얼마나 자유롭고 풍요로운지를 설파한 칼럼, 사랑과 소유욕의 역설적 관계에 대한 사유와 함께 자취요령, 혼자 하는 여행 등 '모태홀로'들에게 유용한 정보를 60쪽 내외의 분량에 담는단다. 〈홀로〉의 발행인 이진송(26이화여대 국문과 대학원)씨는 사랑 자체를 부정하거나 모두 솔로가 되자는 건 아니라며 "연애와 비 연애를 우열 관계로 볼 게 아니라 삶의 한 형태로 평등하게 보자는 것"이란다. 그가 보는 자유연애는 1910년대 개화기, 서양에서 수입된 인위적 문화에 불과하다고 본다.

시집 한 권, 술 한 병, 빵 한 덩어리에 그대가 내 옆에 있으면 더

바랄 것 없다는 지상천국을 노래한 서력 12세기 페르시아의 시인 오마 카얌은 근본 궁극적 신비 속에 쌓인 수수께끼를 풀 길 없는 우리의 절망감을 술로 달래자고 이렇게 읊었다.

어제, 이날 이때의 광증(狂症)이 생겼어라.

내일의 침묵 또는 승리의 개가(凱歌)나 절망의 비가(悲歌)도

자, 마시자.

어디서 우리가 왔으며 왜 왔는지 모르나니

어서 마시자.

어디로 가는지 왜 가는지

알 수 없나니.

그 한 예로 영국 시인 딜란 토마스(1914-1953)를 들 수 있으리라. 특히 죽음과 종교와 섹스 그리고 사랑의 여러 가지 무드와 스타일로 무아의 황홀경에서 부르짖는, 고음으로 오르기도 하고 비통 침울한 저음으로 가라앉기도 하는 언어의 발음과 발성에 매료되고 집착했던 그는 미국 순회강연 도중 39세로 그의 삶을 마감했다. 당시 검시관의 진단서에 기재된 사망 이유는 그가 하룻밤에 스트레이트로 위스키를 연거푸 열여덟 잔이나 마신 그의 '두뇌에 대한 모욕' 때문이었다. 그러나 그는 살아서 쓴 '그리고 죽음이 지배하지 못하리라'는 시에서 다음과 같이 예언했다.

미칠지라도 그들의 정신은 말짱할 것이오.

바다에 빠져도 그들은 다시 떠오를 것이오.

연인들은 없어져도 사랑은 남을 것이오.

그리고 죽음이 지배하지 못하리라.

마치 "이는 그리스도께서 죽은 자 가운데서 사셨으매 다시 죽지 아니하시고 사망이 다시 그를 주장하지 못함을 앎이로다."(로마서 6장 9절)했듯이, 술에 취했던 성령에 취했던 간에, 주정뱅이, 협잡사기꾼, 식객이었던 건날 딜란 토마스도 예수처럼 그가 살아생전에 꿈도 못 꾸던 영광을 사후에 누리게 되었으니 말이다. 그의 산문과 희곡을 통해 유감없을 정도로 삶에 대한 뜨거운 열정을 탕진한 시인으로서 게걸스런 그의 영혼은 성령에 취했던 안 했던 간에 성신의 거룩한 제단에 펼쳐지는 시심의 향연에 참석하게 되어 흔희작약(欣喜雀躍)하였으리라. 영국 런던 템즈 강가에 자리한 웨스트민스터 성당 '시인의 코너'에 한 자리를 차지, 그의 기념비가 1982년에 건립되었다. 그것도 그에 못지않게 방종 방탕했던 바이런 경의 기념비 옆에 건립했다. 이렇게 이슬 먹고 구름똥 싸며 바람처럼 살다 간 '자유인(Free Spirit)'들은 그렇다 치고 우리 평범한 속물들은 어쩌랴. 삶의 다른 한 쪽 죽음을 의식하고 사는 것 이상의 종교도, 죽음을 안고 사는 삶을 더할 수 없이 잘 살아보는 것 이상의 예술도, 사랑으로 숨 쉬고 사는 사랑 이상의 삶도 없으련만…….

정녕 누구와 만났다 헤어지는 것이 그 어느 누구의 뜻과 섭리에서인지 알 길 없지만 사랑의 사자(使者) 큐빗의 수많은 화살을 운 좋거나 아니면 나쁘게도 용케 맞지 않는 사람들은 어쩌며, 운수 대통인지 아니면 운수가 사나워 이 '사랑의 화살'을 한 가슴에 연거푸 맞고 신음하고 있는 사람들의 깊은 상처는 그 누가 다스려 아물게 해줄 수 있을까. 이 사랑의 독침을 맞은 모든 사람들은 하나같이 실연의 가시덤불 속에서 남몰래 소리 없이 몸부림치면서 온 몸으로 피눈물 흘리고 있으리라. 붉은 피가 창백해지도록.

이 쓰도록 맵도록 새콤달콤한 사랑의 미약(媚藥)을 맛보고 사랑의 마술에 한번 걸리면 이 마법에서 벗어나지 못하고 '사랑만을 위해 살든지 죽든지 하라'는 사랑의 절대적인 지상명령을 거역할 수 없게 되나 보다. 사랑과 삶이 또 죽음까지도 연인들에게는 같은 이상, 같은 현실, 같은 진실의 삼위일체가 되는 것. 그렇다면 이 어인 일일까.

장밋빛 인생은 가시덤불
장밋빛 사랑은 꿈속의 사랑

이것이 정말 사실이더냐. 참말로 그렇다면 어째서일까. "삶에는 방정식이 없다. 오직 무늬만 있을 뿐! 만약 방정식이 존재한다면 그동안 수많은 수학자나 과학자들이 평생을 다 바쳐서라도 복잡다단한 공식을 만들어 냈을 것이다. 그만큼 우리의 삶은 살아보지 않고서는 답을 알 수 없는 미스터리다. 제일 큰 미스터리는 어떻게 정신이 육체 속에 들어오는 가다." 이렇게 재미동포시인 정명숙 씨는 (미주판 중앙일보 2014년 2월 15일자) '삶의 무늬'란 칼럼에 쓰고 있다. 지난 밸런타인스데인 2월 14일 프란치스코 교황은 이날 바티칸 성 베드로 광장에 모인 1만여 커플에게 결혼생활 비법을 전수(傳授)했다는 보도가 있었고 또 그 언젠가 그의 전임(前任) 교황이 "남편이 아내를 강간하는 것이 가능하다"고 했다는 기사를 봤다. 결혼도 안 해본 주제에 뭘 어찌 안다고. 차라리 실수를 하고 시행착오가 있더라도 무사무고(無事無故)의 백지 답안을 내놓기보다는 할 수 있는 대로 한껏 인생을 탐험하고 경험해보겠노라고 말한 이탈리아 여배우 소피아 로렌한테서 좀 배울 일이지. "있는 자에게는 더 줄 것이오. 없는 자에게서는 있는 것까지 빼앗으리라"는 예수의 말이 정말 '용용 죽겠지' 참으로 원통, 절통한 일일 것이다. 인생무대에서 제 노릇 한번 제대로 못 해보고 인제나 그 어느 누구의 대리 노릇이나 하는 꼭두각시 인생의 비애가 아닐까. 여기서 우리 카릴 지브란의 경구(警句) 하나 들어 보자.

> 눈처럼 흰 종이 한 장이 말했다.
>
> 순결하게 나는 창조되었으니 영원무궁토록 나는 순결하게 살리라.
>
> 내 몸에 더러운 것이 가까이 오거나 검은 것이 내 몸에 닿는 것을 참고 견디느니
>
> 차라리 나는 불에 타서 하얀 잿가루가 되리라.
>
> 잉크병이 이 말을 듣고 그 시꺼먼 속으로 웃었다. 그리고 그는 종이에게 접근조차 안 했다. 종이가 하는 말을 들은 색색이 색깔의 여러 가지 색연필들도 또한 종이 근처에는 가지도 않았다. 눈처럼 흰 종이는 순결하고 정숙하게 영원토록 있었다. 순결하고 정숙하게. 그러나 외롭고 공허하게.
>
> – 카릴 지브란의 〈선구자 The Forerunner〉에서 –

옳거니, 고통을 당할 바에는 사랑 때문에 넘치는 사랑 때문에

받는 고통 이상 또 뭣이 있으랴. 사랑이 가능만 하다면 사랑이 절로 샘솟기만 한다면 어떤 수난이나 고통도 감미롭기 때문이지. 이 세상 그 어느 누구에게도 너무 많이 줄 수 없는 것이 세상에 사랑밖에 또 있으랴. 아무리 쏟고 또 쏟아도 탕진되지 않고 고갈되지 않는 것이 세상에 사랑 말고 또 있으랴. 아무리 주고 또 줘도 그 더욱 주고 싶고 아무리 받고 또 받아도 그 더욱 받고 싶고 결코 주는데 지치지 않고 받는데 싫증나지 않는 것이 세상에 사랑뿐이리라. 그리고 하다못해 짝사랑인들 어떠랴. 미국의 시인 헨리 워즈워스 롱펠로우(1807-1882)의 말처럼.

사랑은 흐르는 샘물같이
비록 목마른 이의 갈증을
풀어주지 못하는 때에라도
흘러흘러 바다로 가다가
날씨가 가물기라도 하면
홀연히 온데간데없이
없어져 자취를 감추지만
증발한 샘물은
결코 없어진 것 아니고
저 푸른 하늘 떠도는
한 조각구름 되었다가
빗물로 쏟아져 내려와
그 샘을 그 더욱
넘치도록 가득 채우지.

우리 모두에게 바치는 송시(頌詩)

이 짤막한 시 한 편이 누구에 관해선지 알아맞혀 보시라.

인생이 저무는 때에
다른 사람들을 행복하게 해주는
그런 사람들을 칭송하리라.

어둠속에서도 빛을 발견해
그 빛을 다른 사람들과 나누는
그런 사람들을 칭송하리라.

신뢰와 너그러운 마음과
깊은 생각을 통해 기쁨을 널리 뿌리는

그런 사람들을 칭송하리라.

소우주 자신을 통해
대우주 코스모스 고향을 바라보는
그런 사람들을 칭송하리라.

태상에게 바침 2013년 11월 15일

도리(Dorie)가

Guess who this little poem is about:

Praise be to those
who in their waning years
make others happy

Praise be to those
who find light in the darkness
and share it with others

Praise be to those
who can spread joy
through trust and tolerance

Praise be to those

who look far beyond themselves

to their place in the cosmos

For Tae-Sang November 15, 2013

Dorie

이상은 최근 우생(愚生)의 졸저 〈Cosmos Cantata: A Seeker's Cosmic Journey (코스모스 칸타타: 한 구도자의 우주여행)〉[어레인보우: 무지개를 탄 코스미안(자연과인문)]의 영문판을 출간한 미국출판사 Mayhaven Publishing, Inc. 대표 Doris R. Wenzel이 이메일로 내게 보내온 시다. 이런 송시(訟詩)를 받기엔 너무도 많이 부족한 사람이지만 남은 여생 이 시에 부응하는 삶을 살아달라는 격려사로 감사하게 받겠다는 답신을 보내고 나서 이 시는 우리 모두에게 바치는 것이란 생각이 떠올랐다. 그래서 아일랜드의 노벨문학상 수상시인 윌리엄 버틀러 예이츠도 이렇게 읊었으리.

잎은 여럿이나 뿌리는 하나

내 청춘의 속절없이 환상적인 나날에

나는 자랑스럽게 내 잎을 흔들고 내 꽃을 피웠지.

찬란한 햇빛 속에 나 이제 그만

진실 속으로 시들어버리리.

그리고 영국 시인 퍼씨 비쉬 쉘리는 '서풍에 바치는 송시'에서 또 이렇게 기도하듯 읊었으리.

오, 날 좀 불어 올려주게
저 파도같이
저 나뭇잎같이
저 구름같이!

매년 봄, 여름이 가고 가을이 와서 단풍든 나뭇잎들이 하나 둘 떨어지기 시작하면 사람들은 감상적이 되어 여러 가지 상념에 젖게 되고 특히 인생의 가을철을 맞은 사람들은 좀 더 깊이 삶을 반추하며 숙고하게 되는 것 같다. 이때면 다음과 같은 미국 시인 에즈라 파운드의 시 한 편이 생각난다.

올해는 바람에 낙엽이 일찍 진다.
내 가슴을 아프게 하면서
나는 늙어만 가고.

오! 오! 슬프도다.
사람들은 나서 죽고
너도 나도 곧 죽으리니
우리 죽은 셈치고 살아보세.

이 시구에서처럼 우리가 벌써 죽었다 치면 새로 맞는 하루하루를 덤처럼 고맙게 살 수 있겠지. 그럼 정말로 우리가 덤처럼 사는 삶을 어떻게 살았으면 좋을까. 말할 것도 없이 주어진 삶을 짐이 아닌, 축복으로 누려야 하지 않을까.

러시아의 작가 막심 고르키(1868-1936)의 〈태양의 아이들〉에 나오는 꿈꾸는 과학자 파블이 "우리 집에 살기 재미있다"고 말하는데 그가 '재미있다'고 하는 일들 가운데는 자살, 광기, 농민의 봉기, 실연 등이 있다. 1979년 '국제 아동의 해'를 맞아 세계의 어린이들에게 바치는 책으로 그 제목이 〈한국에서 자라는 어린 시절 즐겁다(It's Fun Being Young in Korea)〉는 우리나라의 옛날이야기들, 민화, 동화, 동요, 동시들을 모아 피터 현(Peter Hyun)이 편집했고 샘터사에서 발행한 영문판이었다. 한국에 태어난 사람이라면 너 나 할 것 없이 프랑스 작가 빅토르 위고의 명작 〈레미제라블〉에 나오는 '장발장' 못지않게 기복이 많은 파란만장의 삶을 살아오지 않았나. 이러한 삶이 더 살아볼 만한 것이 아닐까. 순탄하게 일생을 순풍에 돛단 듯 무사안일, 무사태평하게 사는 것보다 말이다. 진정 쓴 맛을 본 연후에라야만 단 맛을 단 맛으로 느낄 수 있다면 슬픔과 고통과 고독을 모르고는 참사랑과 기쁨을 알 수 없으리라.

그렇다면 연애 한 번 못 해보고 사느니 비록 거듭 거듭 실연만 당할지언정 수없이 여러 번 사랑을 해보고 한 여자, 한 남자와 한 번 결혼해서 백년해로하는 것도 좋겠고 부러워할 만한 일이지만 하게 되면 두 번, 세 번 다른 여자, 다른 남자와 결혼해보는 것도 결코 나쁘지만은 않으리라. 그리고 '무자식 상팔자'라고 앓느니 죽지 말고, 내 자식, 남의 자식 가릴 것 없이 여러 자식 정성껏 키우고 뒷바라지 해 보는 것이 그 더욱 바람직하고 보람 있지 않을까. 그렇다면 한 마을, 한 도시, 한 지방, 한 나라에서만 사는 것보다 타향살이 타국생활 해보는 것이, 늘 같은 한 계절만 있는 상하(常夏)의 열대지방이나 늘 꽁꽁 얼어붙어 있는 북극 또는 남극

지대에서만 사는 것보다 사시사철 골고루 있는 곳에서 인생의 춘하추동 다 겪으면서 제 가족, 제 동족, 제 인종끼리만 어울리지 말고 다른 사람과도 어울려 살아보는 것이 더 낫지 않을까. 다시 말해 '팔자가 센 것'이 약하거나 미미(微微) 흐리멍텅 뜨듯미지근한 것보다 더 좋지 않을까. 찰 땐 차고 뜨거울 땐 뜨거워야지. 극과 극은 통한다 하지 않던가. 그러고 보면 세상에 버릴 것, 마다할 것, 피할 것 하나 없지 않나. 그 어떤 운명과 신수가 기다리든 올 테면 다 와보라지. 모든 것 다 환영하리라.

물도 좋고, 불도 좋고, 산도 좋고, 바다도 좋고, 하늘도 좋고, 땅도 좋지 않은가. 천당 지옥 다 좋지 않은가. 천국도 물론 좋겠지만 지옥 없는 천국이 무슨 소용이며 무슨 의미가 있으랴. 가을에 낙엽이 져야 봄에 새잎이 돋듯 사람도 죽어야 또 태어나고 넘어져야 다시 일어날 수 있고 숨을 먼저 내쉬어야 새로 들이마실 수 있지 않나. "목숨을 얻고자 하는 자는 잃을 것이오. 잃고자 하는 자는 얻을 것이라"고 예수도 말하지 않았던가. 또 그러고 보면 세상에 '불사조' 아닌 것 없는 것 같다. 저 아라비아 사막에서 수백 년을 산 다음 화장하는 장작불더미에 올라 스스로 분신하여 타죽었다가 바로 그 잿더미 속에서 새로 태어나 되살아난다는 이집트 신화에 나오는 신조(神鳥) 피닉스(phoenix)처럼. 그러니 이것이 곧 우리 모두에게 바치는 송시가 되리라.

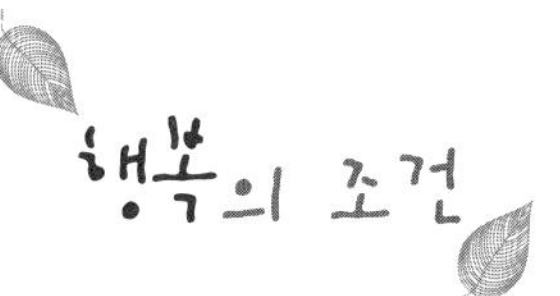

행복의 조건

'부조리의 연극'이라 불리는 극작품들이 있다. 1950년대와 1960년대 초 유럽과 미국 극작가들의 작품을 가리키는 말이다. 이 말 그대로 인생의 부조리성을 극적으로 표현하는 것이 연극의 기능이고 작업이란 뜻이다. 이 '부조리'라는 실존주의 철학용어로서 사용되는 단어는 프랑스 작가 알베르 까뮈의 부조리 철학에 의해 알려진 것으로 인생에서 삶의 의의를 찾을 희망이 전혀 없는 한계 상황적, 절망상황을 가리키는데 쓰인다. 산다는 것이 부조리하다는 생각은 1942년 까뮈의 에세이 〈시지프스의 신화〉가 발표되면서 널리 퍼지게 되었다. 이 에세이에서 까뮈는 말한다.

신(神)들은 시지프스에게 쉴 사이 없이 바위를 산꼭대기까지 굴려 올리는 형벌을 가하였다. 산꼭대기에 이르면, 바위는 그 자체의 무게로 말미암아 또 다시 산 아래로 굴러 떨어지고 마는 것이었다. 그가 이렇게 무익하고도 끝날 가망이 없는 노동이란 무섭고 끔찍한 형벌을 받게 된 것이 신들을 경시한 그의 태도와 행위 때문이란 것이다. 그는 신들의 비밀을 누설한 것이다. 시지프스가 부조리의 영웅임을 이만하면 알 수 있으리라. 그의 고뇌뿐만 아니라 그의 정열로 인해 그는 부조리의 영웅이 된 것이다. 신들에 대한 그의 도전, 죽음에 대한 그의 반발, 생명에 대한 그의 애착과 열정이 결단코 성취될 수 없는 일에 그의 온 힘과 전 존재를 다 바쳐 일하고 노력하지 않으면 안 된다고 하는 이 절망적인 형벌을 그는 초래한 것이다.

이상과 같이 세상이 부조리하다고 정의하는 것은 인생이 본질적으로 신비하고 풀 수 없는 수수께끼 같다는 점을 인정하는 것이고 이와 같은 인식은 삶의 방향과 목적과 의욕을 상실하는 데서 오는 당혹감에서 출발한다. 이 같은 인간실존의 부조리성을 다룬 작품으로 아일랜드 출신이면서 프랑스 파리에 거주한 극작가 사무엘 베케트의 〈고도를 기다리며〉가 있다. '고도(Godot)'란 누구일까? 1952년 발표되어 그 다음 해 1953년 파리에서 프랑스어로 무대에 오른 이후 세계 각국에서 여러 나라말로 거듭 상연되어온 이 극작품에는 에스트라곤과 블라디미르라는 두 부랑자(浮浪者)가 등장한다. 이들은 고도라는 이름의 신비스런 인물을 끝없이 기다리면서 이렇다 저렇다 다투고 있다. 그가 올 예정된 시간과 장소가 어느 때 어느 곳 언제 어디라고 서로 질세라 우겨대면서 이들은 재치문답의 말장난을 하며 놀고 있다. 2막으로 된 이 연극의 각 막이 끝나 갈 무렵 한 소년이 나타나 고도의 왕림, 도래가 임박했다고 전한다. 하지만 그는 오지 않고 제1막, 제2막 다 두 부랑자의 다음과 같은 대사로 막이 내린다.

> "자, 이제 우리 갈까?"
>
> "그러지, 이제 우리 가세."

그러나 둘 다 움직이지 않는다. 동정과 연민, 희망과 기지가 가미된 인간의 무지와 착각 때문에 생기는 무기력한 마비상태가 상징적으로 설득력 있게 잘 묘사되고 있다. '고도'란 '신(God)'의 지소사(指小辭)인 'Godot'임이 분명하지만 어쩌면 신(神)이라는 'God'와 바보라는 'idiot'란 두 단어를 복합한 합성어 '고도(Godot)'를 통해 어리석은 인간의 허망허탄(虛妄虛誕)한 허탕을 꼬집고 인간의 참된 구원과 행복의 조건은 외재하는 것이 아니고 내재하는 것임을 암시하는 것인지 모르겠다. 〈시지프의 신화〉에서와 같이. 행복이란 누가 갖다 주는 것이 아니고 스스로 만들어 누리는 것임을.

행복과 부조리

아소포스의 딸 아이기나는 제우스신에게 유인을 당하였다. 아소포스는 딸이 없어진 것을 알고 놀라서 시지프스에게 호소했다. 이 유인사건을 알고 있던 시지프스는 코린트 성에 물을 공급받는다는 조건으로 이 사실을 아소포스에게 말해준다. 하늘의 진노인 벼락보다 물의 은총을 택한 것이다. 이 때문에 그는 지옥에서 형벌을 받게 되었다. 〈일리아드와 오디세이〉의 작가로 알려진 서력. 기원전 10세기경의 그리스 서사시인 호머는 또한 시지프스가 사신(死神)을 쇠사슬에 얽어맸다는 이야기도 우리에게 전하고 있다.

저승의 신 플루토는 제 세상인 저승이 인기척도 없이 갑자기 고요해진 것을 보고 참을 수가 없었다. 그는 즉시 전쟁의 신을 급히 파견, 사신을 시지프스의 손에서 해방시켰다. 게다가 임종이 가까운 때에 시지프스는 처의 사랑을 시험해 보려고 했다. 자기 시체를 땅에 묻지 말고 광장 한복판에 팽개쳐 두라고 그는 처에게 일렀다. 시지프스는 지옥에 떨어진다. 인간적인 사랑과는 거리가 먼 처의 복종에 화가 난 시지프스는 처를 골려 주기 위해 다시 한 번 지상으로 돌아 올 허가를 풀푸토에게서 얻는다. 그러나 재차 이 세상 풍경을 보고 햇볕에 탄 돌과 바다의 맛을 보자 그는 저승의 어둠 속으로 돌아갈 생각이 없어진다. 소환도 경고도 아무 소용이 없었다. 그로부터 긴 세월을 그는 하구의 만경과 찬란한 바다, 대지의 미소를 즐기며 살아간다. 신들은 그를 체포하는 수밖에 없었다. 제우스의 아들로 제신의 사자인 멜쿠르스가 와서 이 대담한 사나이 시지프스의 목덜미를 잡고 그를 지옥으로 끌고 갔다. 지옥에는 벌써 그를 위한 바위가 준비되어 있었다. 지옥에서의 시지프스에 관해서는 아무 것도 전해지지 않고 있다.

본래 신화란 인간의 상상력이 그 생명을 불어넣어 주어야만 하는 것이리라. 우리들에게는 다만 시지프스가 저 거대한 돌을 밀어 올려 굴리는 그의 혼신의 노력이 보일 뿐이다. 긴장한 그의 얼굴, 돌에 밀착된 그의 뺨, 진흙에 뒤덮인 바윗덩어리를 지탱하는 그의 어깨, 돌과 한 덩어리가 된 몸을 받치고 선 그의 두 다리, 흙투성이 된 그의 두 손으로 굳게 움켜잡아 쥔 너무도 인간적인 정확성과 집착력이 우리에게 여실히 보일 따름이다. 도달할 하늘이 없는 공간과 끝나는 날이 없는 시간 속에서 계속되는 이 길고 한없는 노력 끝에 일견 목적이 달성된다. 그러자 어느새 돌은 순식간에 하계로 굴러 떨어지는 것을 시지프스는 보고 있다. 하계로부터 또 다시 기백 번, 기천 번째 그 돌을 그는 산꼭대기로 올려오지 않으면 안 된다. 그는 다시 들로 내려간다.

(매일 밤, 잠자리에 들 때, 주말이면 월말이면 또 연말이면 반복되는) 이 하산(下山), 이 휴식, 이것이 우리로 하여금 시지프스에게 지대한 관심을 갖게 한다. 기진역진하여 돌 가까이 가는 그의 얼굴은 돌 그 자체다. 무거우나 틀림없는 발걸음으로, 끝을 알 수 없는 고뇌의 발걸음으로 그는 산을 내려간다. 이를테면 호흡작용처럼 그의 불행이 반복되는 이 순간, 이것은 의식을 되찾는 순간이다. 산꼭대기를 떠나 신들의 거처로 내려가는 이 때 시지프스는 순간마다 그의 운명을 극복하는 것이다. 그는 그의 운명의 바위보다 굳세다.

〈시지프스의 신화〉가 비극적인 것은 그 주인공의 의식이 눈을 뜨고 있기 때문이다. 만약 성공한다는 희망이 한 걸음, 한 걸음 옮길 때마다 그를 떠밀고 있다면 그는 어떠한 어려움도 감수, 아무런 고통도 느끼지 못할 것이다. 오늘날의 노동자는 육체적이든, 정신적이든 또는 감성적이든 매일 같은 일에 종사하고 그의 운명은 시지프스의 것에 못지않게 부조리하다. 그러나 그가 비참해지는 것은 그의 의식이 눈을 뜨는 희귀한 순간뿐이다. 신들의 프롤레타리아요, 무력하면서도 반항하는 시지프스는 자기의 비참한 조건의 전모를 알고 있다. 산을 내려오면서 줄곧 그가 생각하는 것은 이 비참하고 절망적인 조건이다. 그러나 이러한 조건을 의식하는 그의 인식이 그의 승리를 완벽하게 한다. 모멸함으로써 극복할 수 없는 운명이란 존재하지 않는다. 날마다 시지프스의 하산은 고통스러운 자학의 행로이지만 그것은 동시에 기쁨에 찬 자존

자대(自存自大) 곧 자애의 행로일 수가 있다.

이것은 결코 지나친 말이 아니다. 시지프스가 그 바위로 돌아온 장면을 상상해 보자. 고통은 다시 시작되려 하고 있다. 이 대지의 아름다운 광경이 너무나 기억에 생생할 때, 행복을 갈망하는 부르짖음이 너무나 격렬할 때, 너무도 비통한 비애가 인간의 가슴을 채운다. 이것이 바위의 승리요, 바위 그 자체다. 끝없는 고통과 한없는 비애란 인간으로서 감당 못할 일이다. 이것이 우리들의 겟세마네의 밤이다. 그러나 사람을 짓눌러버리는 사실은 이 사실을 인식할 때 소멸한다. 에디푸스의 경우도 마찬가지다. 에디푸스는 그가 그의 운명을 알게 되는 때부터 그의 비극이 시작된다. 그러나 그의 운명을 알게 된 바로 그 순간, 눈이 멀고 절망한 에디푸스는 이 세상에 자기를 붙들어 매는 유일한 끈은 생기 넘치는 젊은 딸의 팔이란 것을 그는 알게 된다. 그리하여 이 때 경이로운 말이 들린다.

이와 같이 많은 고통과
고난에도 불구하고
나의 노령(老齡)과
내 영혼의 위대함은
나로 하여금 판단케 한다.
모든 것은 다 좋다고.

'모든 것은 다 좋다고 나는 판단한다.' 이렇게 에디푸스는 말한다. 이 말은 숭고하다. 이 말은 인간의 잔인하고 무정 무한한 우주 속에 쩡쩡 울린다. 이 말은 모든 것이 과거에 다한 일 없고, 현재도 다하지 않으며, 미래에도 다하지 않을 것임을 알려준다. 이 말은 온갖 불행과 고통을 갖고 이 세계에 들어 온 신들을 이 세계로부터 쫓아낸다. 이 말은 인간의 운명을 인간이 풀어야 할, 인간의 문제로 바꾸어 놓는다. 여기에 시지프스의 남모를 기쁨이 있다. 시지프스의 운명은 시지프스의 것이다. 시지프스의 바위는 시지프스의 것이다.

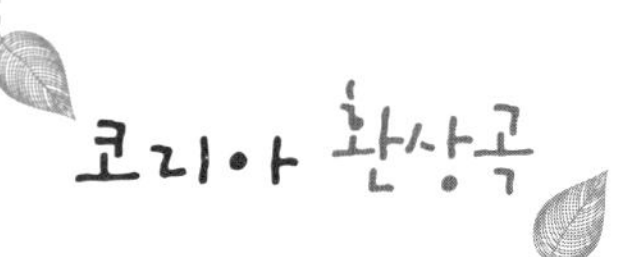

코리아 환상곡

유네스코의 인류무형유산에 등재된 우리나라의 정감 넘치는 가락 '아리랑' 가락을 타고 신명나는 K-POP과 싸이의 말춤을 통해 '한류'가 온 세계로 퍼지는 것을 보면서 하나의 뚜렷한 표상이 가슴에 벅차게 떠올랐다. 근대 서양 오페라의 창시자로 불리는 독일의 작곡가 리카르트 바그너가 13세기 전반에 걸친 중세 독일의 대서사시 〈니벨룽겐의 노래〉를 소재로 작곡 작사한 〈니벨룽겐의 반지〉가 있다. 라인강을 무대로 한 이 우화적인 서시는 인간의 자연환경 파괴로 인한 지구의 파멸을 방지하는 이야기다. 아일랜드 출신 노벨수상 극작가 조지 버나드 쇼는 세계를 크게 변화시킨 산업혁명 와중에서도 이 대 작품을 통해 자본주의가 무너지고 계급 없는 평등사회가 나타날 것으로 기대했었다고 한다.

그러나 오늘날의 자연환경 보호론자들인 소위 '녹색당원들'에게는 현대공업화로 빚어지는 온갖 자연공해는 '괴테다메룽' 곧 북유럽신화의 '신들의 황혼'인 신들과 거인족 간의 최종적 결전의 결과로 오는 세계의 종말을 뜻하는 것 같다. 어떻든 바그너는 알고 있었다. 우리가 우리의 땅 어머니 대지를 농락하거나 우롱할 수 없음을. 〈니벨룽겐의 반지〉에서 그는 예언하듯 말한다. 짧은 세월 동안은 인간이 자연을 정복할 수 있을지 모르나 궁극적으로 자연은 되살아나고 신처럼 군림하던 인간은 멸망할 것이라고. 우리가 자연환경을 더럽히고 파괴하는 그 대가로 우리 자신의 비참한 불행과 혼란, 카오스를 피할 수 없으리라고. 그 암유(暗喩)로서 악한 난쟁이 알베르히가 라인강에서 불가사의한 마력이 있는 황금을 훔치는데 이 행위 자체가 자연의 조화와 질서를 깨뜨리는 현세를 나타낸다. 그런데 이 황금으로 고리 가락지를 만들어 끼는 사람은 누구나 절대적인 힘을 쓸 수 있는 반면 반드시 비극적인 최후를 맞게 되고, 이 황금이 라인강 밖에 나와 오래 되면 될수록 그만큼 지구는 부식 황폐해진다. 보다 못해 여주인공 브륀힐드는 더 이상 세상이 더럽혀지는 것을 볼 수 없어 신들과 알베르히의 노예로 땅속에서 사는 인간 이하의 종족 니벨룽스를 없애버리려고 세상에 불을 질러 버린다. 그러자 라인강이 범람하여 불길을 끄고 도둑맞았던 황금을 되찾아 지구생태계 질서를 회복한다.

여기에 등장하는 인물들은 각기 땅과 물과 불 그리고 공기를 대표하는 그리스 신화에 등장하는 카산드라들로서 세상에서 상대해 주지 않는 흉사의 예언자들이다. 이들은 거듭해서 신들에게 경고한다. 물욕과 권세욕 때문에 생길 재앙에 대해서. '우주의 주인'인 우두머리 신 보탄의 비서실장격인 에르다는 땅 어머니로서 문자 그대로 땅에서 생긴 지신(地神)인데 황금을 라인강에 되돌려주지 않으면 자연의 질서가 파괴될 것이라고 경고한다. 라인강 자체와 그 속의 황금을 지키고 끝내 되찾아내는 '라인의 처녀들'이 수신(水神)이고, 보탄의 뜻을 거역 못하면서도 계속 황금을 라인강에 돌려주자고 간언하나 번번이 묵살당하는 로게는 화신(火神)이다. 공기를 대표하는 것은 세 마리의 조신(鳥神)인데 그 중 '사상과 기억'이란 이름의 두 마리 보탄의 갈가마귀는 세상 위로 날면서 그들의 주인을 경호하고, 또 한 마리 '숲새'는 보탄의 손자인 지그프리트에게 어떻게 악한 수중에서 황금을 되찾아 그 제 자리로 돌려보낼 수 있는지 가르쳐 준다.

이 독일 전설의 영웅 지크프리트는 성실한 인물로 자연을 사랑하고 지식을 갈망하며 불의와 맞서 정의를 위해 싸운다. 자연에 대적하는 것은 알베르히와 보탄 둘 다인데 알베르히는 사회의 무법자들을 상징하고 보탄은 사회의(자칭) 지도자를 가리킨다. 다시 말해 자기 개인의 이익을 위해 사회의 재난을 불러일으키는 자들과 이들로부터 힘의 반지를 얻어 세도 부리는 자들이다. 이 '반지'의 끝 장면은 '신들의 황혼'으로 결국 자연은 스스로를 되찾아 권력에 굶주린 신들을 제거하고 세상을 인간들에게 맡긴다. 이렇게 '반지'에서 바그너는 우리가 지구의 주인이 아닌 관리인임을 강조한다. 그렇다면 이 대자연의 '반지'가 '코스모스' 피어나는 길거리 '코리아'에서부터 그 참된 빛을 발하기 시작한 것 아닐까.

아, 그래서였을까. 최근 향년 83세로 별세한 '푸른 눈'의 국악인 해의만(미국명 알렉 헤이먼)씨도 1931년 미국 뉴욕에서 태어나 1953년 위생병으로 한국전쟁에 참전해 강원 양구에서 근무할 당시 태평소, 북 등 국악 소리에 매료돼 평생 국악인으로 살았나 보다. 그는 59년 컬럼비아 대학원에서 음악 석사과정을 마치고 60년 한국으로 돌아와 한국국악예술학교에서 전통음악을 공부했고 95년에는 귀화해 서울 해(海)씨의 시조가 되었어라. 그는 〈삼천리 나라의 무용〉〈한국 판소리 해설〉등의 저서를 냈으며 '서애악부' 등 국악 자료 200여 점을 국립국악원에 기증했다.

아리랑 만세! 한류만세! 아라리오이리…….

호연지기(浩然之氣)의 참 뜻

소년시절부터 내가 가장 좋아한 사자성어로 '호연지기(浩然之氣)'가 있다. 그런데 최근 이 글귀를 괄목상대하게 되었다. 2013년 11월 26일자 중앙일보 백성호 기자와의 인터뷰 기사에서 박석무 다산연구소 이사장의 다음과 같은 해석을 접하고 나는 흔희작약(欣喜雀躍)했다.

"다산은 '호연지기(浩然之氣)'라는 말을 잘 썼다. 그건 높은 산에 올라가 함성을 지르는 게 아니다. 다산은 자신이 아는 걸 행동으로 옮기는 게 '호연지기'라 했다. 그럴 때 우리는 기쁨을 누릴 수 있다. 그게 다산이 말한 행복이다."

유네스코는 2012년 프랑스 사상가 장 자크 루소, 프랑스 작곡가 클로드 드뷔시, 독일 작가 헤르만 헤세와 함께 다산 정약용(1762-

1836)을 기념 인물로 선정했고 동양에선 다산이 유일했다. 그가 지은 수원 화성은 유네스코 세계문화유산으로 등록돼 있고 이제 다산은 세계가 평가하는 인물이 되었다. 동서양을 막론하고 자고 이래로 실천궁행(實踐躬行)하는 사람은 행동으로 말한다. 어린애들도 말은 귀로 듣고 배우지만 행동은 눈으로 보고 배운다. 동양 유학에서 말하는 수기치인(修己治人)과 서양에서 얘기하는 솔선수범(lead-by-example)이 스스로가 전범(典範)이 되라는 것이리라. 그래서 미국의 철인 랠프 월도 에머슨도 이렇게 갈파했으리라.

"네가 어떤 언어로 무슨 소리를 해도 너 이상의 말을 할 수 없다.(Use whatever language you may, you can never say more than what you are.)" 카릴 지브란의 〈방랑자(The Wanderer)〉에 '사랑노래(The Love Song)'가 있다.

어느 한 시인이 '사랑노래'를 지었다.
지어 놓고 보니 한 편의 아름다운 시였다.
그래서 이 시를 여러 카피 만들어서
벗들과 친지 많은 사람에게 보냈다.

이 시를 받아 본 사람 가운데는
산 너머 또 너머 저 먼 산골짜기에 사는
시골 처녀가 있었다.
시인이 딱 한 번 만나본 적이 있는 처녀였다.

며칠이 지나 이 처녀의 편지를 갖고
사람이 찾아 왔다.

“보내주신 ‘사랑노래’ 에 깊은 정을 느꼈어요.
부모님의 승낙을 얻었으니
어서 오셔서 혼인 날짜를 잡고
잔치를 베풀어 주셔요.”

시인은 답신하기를

“그대에게 보낸 시 ‘사랑노래’ 는
한 시인의 가슴에 떠오른
‘사랑노래’ 일 뿐
모든 남자가 모든 여자에게
아무라도 부를 수 있는
그런 노래라오.”

처녀가 회답하기를

“빈 말로 사람을 속이는
거짓말쟁이 위선자,
이 날로부터 나 죽는 날까지
난 모든 시인을 저주할 것이어요.”

THE LOVE SONG

A POET once wrote a love song and it was

beautiful. And he made many copies of it, and sent them to his friends and his acquaintances, both men and women, and even to a young woman whom he had met but once, who live beyond the mountains.

And in a day or two a messenger came from the young woman bringing a letter. And in the letter she said, "Let me assure you, I am deeply touched by the love song that you have written to me. Come now, and see my father and my mother, and we shall make arrangements for the betrothal."

And the poet answered the letter, and he said to her, "My friend, it was but a song of love out of a poet's heart, sung by every man to every woman."

And she wrote again to him saying, "Hypocrite and liar in words! From this day unto my coffin-day I shall hate all poets for your sake."

청소년 시절 이 글을 읽고 이때로부터 글 잘 쓰는, 말 잘하는 이들이 글로만, 말로만 그럴 듯하게 때우는 그야말로 우리나라 속담에도 있듯이 인생을 '수박 겉핥기'식으로 사는 사람들이 아닌가 의심하게 되었다. 초등학교 다닐 때 작문 시간에 써 낸 글이 칭찬받기도 했었고 중, 고등학교 시절에는 내 글이 학교 교지에 실리기도 해서였는지 나는 커서 글 쓰는 작가가 되겠다고 마음먹었었는데 거짓말쟁이 글쟁이가 되느니 그보다는 탁상공론이 아닌 '행동파' '삶쟁이'가 되어 실제로 아름답고 순수하게 살아보겠노라고, 글장난, 말장난이 아닌 참 사랑을 하면서 열심히 삶을 살아보겠노라고 나는 마음을 고쳐먹게 되었다.

시간이란 무엇인가

흥미롭게도 세 편의 기록영화가 오버랩 된다. 그 하나는 최근 개봉된 캐나다 감독 피터 메틀러의 〈시간의 끝(The End of Time)〉으로 이 실험적 다큐는 인간이 시간을 어떻게 감지하는가를 다루는데 최면술을 기록한 녹음을 경청하는 기분이 들게 한다. 세계 각국 여러 사람들에게 '시간이 뭐냐?'는 질문을 던져 답변을 듣는데 한 여인은 시간을 선형(線形)보다는 원형(圓形)으로 느낀단다. 그 이유는 "나 자신도 벌처럼 되고 싶어서"라고 한다. 한 사람이 "누가 알랴(Who knows)"고 하자 또 한 사람이 "누가 알리오(Who knows)"라고 반문한다. 그렇지만 질문의 대상은 사람이라기보다 은하계, 힌두교와 불교의 상징적인 표상(表象) 원형(圓形), 입자가속기(particle accelerators), 그리고 시뻘건 용암이다. 음악과 소리로 시간의 속도를 조절하고 늦추면서 마치 명상을 유도하는 하나의 형식으로 영상을 사용한다.

또 하나는 '힐링'을 주제로 세계적인 명상가이자 뇌교육자인 이승헌 국제뇌교육대학교 총장이 제작한 것으로 현대물리학의 과학적 접근을 통해 삶의 참 의미를 전달하고 변화의 주체로 인간 뇌의 중요성과 명상 등 몸과 마음을 치유하는 뇌 활용법을 알려주고 있다. 나아가서 현재 인류가 안고 있는 폭력, 빈부격차, 정신건강, 지구환경 등 다양한 사회문제의 해결 대안도 제시하고 있다. 이 다큐는 최근 인도네시아 자카르타에서 열린 영성, 종교, 미래 국제영화제(IFFSRV 2013)에서 단편 다큐멘터리 부문에서 우수 작품상을 수상했다.

그리고 또 하나는 최근 한국에서 개봉된 영화 〈잉여들의 히치하이킹〉이다. 돈 없이 유럽에 가서 일 년 동안을 지내다 온 네 명의 젊은 친구들이 자신들의 여정을 기록한 영화이다. 일 년 동안 조각조각 촬영한 60시간 분량을 편집해서 시종 '사람은 무엇으로 사는가'라는 질문을 따라가게 해주는 영화다. 이 영화가 시사하는 대답은 하고 싶은 일을 한껏 해보라는, '가슴 뛰는 대로' 살아보라는 것인 것 같다. 그 대표적인 한 예를 들어보자.

세계여행의 선구자 김찬삼씨는 2003년 78세로 타계할 때가지 30여 년 동안 1년 이상의 세계일주만 3번, 지역별 테마여행을 20어 차례, 여행한 나라는 1백 60여 개국, 시간으로 따지면 14년, 거리로는 지구둘레의 32배나 된다. 〈세계일주 무전여행기〉를 시작으로 모두 10권에 이르는 〈김찬삼의 세계여행〉, 〈끝없는 여로〉, 〈세계의 나그네〉, 〈실크로드를 건너 히말라야를 넘다〉 등을 펴냈으며 2001년에는 인천 영종도에 6천 평 규모의 여행문화원을 열고 후배 여행가들을 위해 평생 모은 자료들을 집대성했다. 현대과학은 옛날 고대인들이 믿었던 바와 같이 심장이 지혜의 중심으로 두뇌처럼 작용한다는 사실을 확인하게 되었다. 다시 말하자면 '심장 속에 두뇌가 있다(There is a brain in the heart)'는 뜻이다. 우리 가슴이 머리를, 우리 마음이 몸은 물론 우주를 지배한다는 말이다.

여기서 우리 카릴 지브란이 '시간'에 대해 하는 말 좀 들어 보자.

헤아려 어림짐작조차 할 수 없는 하늘의 숨결을 사람들은 시간이란 때로 재려 하고 시간이란 강가에 앉아 흐르는 강물 보듯 하지만 처음도 끝도 없는 우리의 넋은 우리 삶이 또한 그렇고 오늘의 기억이 어제이며 오늘의 꿈이 내일이라고 별들과 함께 노래하면서 영원토록 있는 것이리오. 한 계절에 모든 계절이 다 함께 더불어 있듯이 한 날에 모든 날 있고 옛날 돌이켜보는 추억과 앞날 기다리는 그리움이 과거, 현재, 미래의 오늘, 영원무궁하도록 오늘뿐인 이 순간에 다 있으리오.

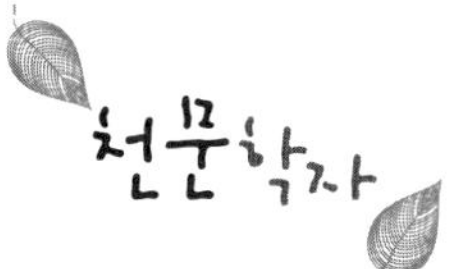

〈코스모스〉의 저자 칼 세이건은 1990년 보이저 1호가 지구에서 60억km 떨어진 명왕성 주변에서 찍은 지구 사진을 보고 '엷은 푸른 점(a blue pale dot)'이라고 표현했다. 과학자들은 오랫동안 대기에서 생명의 기원을 찾았다. 그러나 생명의 기원을 탐색하는 일부 우주생물학자들은 리보 핵산(RNA-riboneucleic acid)의 'ribo'와 효소(enzyme)의 'zyme'을 합성해 리보자임(ribozyme)이라고 불리는 분자에서 생명체가 탄생할 수 있는 바탕이 마련됐다고 본다. 이밖에도 몇 가지 학설이 있다. 생명우주기원설은 최초의 생명체가 우주 공간에서 지구로 도래했다는 생각이다

오파린의 생명기원설은 러시아의 생화학자 알렉산드르 이봐노비치 오파린(1894-1980)의 생명기원설로 화학진화(chemical evolution)를 통한 생명의 탄생을 다윈의 진화론으로 연관 짓는다. 자연발

생설(spontaneous generation theory)은 생명체가 저절로 자연에서 생겼다는 생각이다. 무기적기원설(abiogenesis)은 지구상에 최초의 생명체가 무기물들 간의 화학반응을 통해 생겨났다는 가설이다. 지구생명 '화성기원설'은 지구의 생명이 화성에 기원을 두고 있을지 모른다는 주장이다. 138억 년 전 빅뱅으로 우주가 탄생하고, 50억 년 전에는 태양이 생겼으며, 46억 년 전에 지구가 생겼고 38억 년 전 바다가 생겼다고 한다. 그리고 바다에서 처음으로 생명체가 생겼다고 보는 것이다.

"세상에 부자연스럽거나 초자연적 현상이란 없다. 무엇이 자연적이냐 하는 우리 지식에 아주 큰 결함이 있을 따름이다. 우리는 이 무지의 공백을 메우려고 노력해야 한다."

이것은 아폴로 제 14호 우주비행사로 자연에 대한 인간의 지식과 인간정신 및 인간 혼을 더욱 개발하려 우리 지구와 인류의 건강과 복리를 증진시킨다는 취지와 목적을 갖고 캘리포니아 주 서부 소서리토에 예지적 지적 과학연구소를 창설한 에드가 미첼의 말이다. 이 연구소의 과학자들은 이구동성으로 주장한다. "우리는 탐험가들이다"라고, 오늘날 새로 개척해야 할 이 시대의 가장 절박한 미지의 영역, 우리의 새 변경은 인간의 의식 세계이다. 우리가 추구하는 목표는 인류를 위한 하나의 '새 이야기' 새로운 창세기를 발견하는 것이다. 과학과 인간의 영성을 통합하여 통일체로서의 우리의 온전함을 얻고 끊겨가는 인간과 인간 사이, 인간과 지구간의 필수 필연적인 연관성, 그뿐만 아니라 특히 우리 각자 내적 자아 곧 자신의 심혼과의 관계를 맺는, 아니 그 탯줄을

잇는 일이다.

아인슈타인도 언급한 '우주법칙'이란 우리 동양의 '도(道)'를 뜻한 것 아니었을까. 그러고 보면 정신적으로 영적인 지진아라 할 수 있는 서양 사람들이 서력 기원후 2천 년이 지나서야 뒤늦게나마 철이 좀 눈곱만큼 들려고 하는 것 같다. 진리를 탐구한다고 하나의 통일된, 아니 모든 것을 내포한, 아니 그보다도 불가분의 관계를 맺고 있는 도(道) 닦는 학문을 종교다, 철학이다, 윤리다, 예술이다, 또는 수학이다, 물리학이다, 화학이다, 생물학이다, 천문학이다 하여 정치, 경제, 사회, 교육, 심리, 공학 등 수십 수백 가지 파편으로 산산조각 터뜨려 마치 불꽃놀이 하듯 잿더미로 다 만들어 놓고서 말이다. 인간을 연구하고 조사한다고 영(靈)과 육(肉)을, 심(心)과 신(身)을 분리시켜 놓고, 너와 나를 흑과 백, 선과 악으로 갈라놓고, 멀쩡하게 산 사람을 시체 해부하듯 동강 동강 잘라내고 오장육부 다 뽑아내서 원숭이 내장 하고 바꿈질까지 해가며 사람을 산송장 아니 기계인 로봇으로 거의 다 만들어 놓고서야 말이다. 또 그러고 보면 모든 것이 더할 수 없이 아주(亞洲) 자명해지지 않는가?

카릴 지브란의 〈광인(狂人)[The Madman]〉에 나오는 '천문학자(The Astronomer)'가 있다. 벗과 내가 사원 그늘에 혼자 앉아 있는 장님을 만났다. 벗이 말하기를 "이 땅의 제일가는 현자를 보라." 나는 장님에게 다가 가 인사를 하고 대화를 나누었다. 잠시 후 조심스럽게 물었다. "언제부터 앞을 못 보셨습니까? "태어나면서"라고 그는 대답했다. 내가 다시 묻기를, "어떤 지혜의 길을 따르십니까?" 그러자 그가 말하길, "나는 천문학자라오." 그러고 나서 그는 손을 가슴에 얹고 말하기를, "나는 저 모든 해들과 달들과 별들을 본다오."

IN the shadow of the temple my friend and I saw a blind man sitting alone. And my friend said, "Behold the wisest man of our land."

Then I left my friend and approached the blind man and greeted him. And we conversed.

After a while I said, "Forgive my question: but since when hast thou been blind?"

"From my birth," he answered.

Said I, "And what path of wisdom followest thou?"

Said he, "I am an astronomer."

Then he placed his hand upon his breast saying, "I watch all these suns and moons and stars."

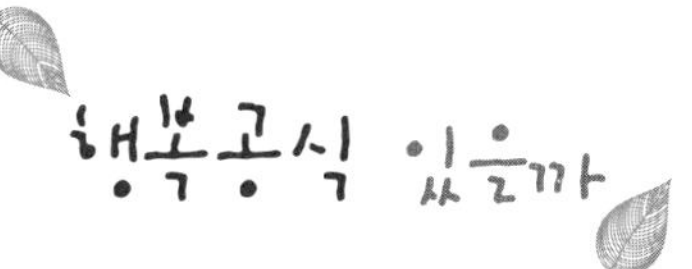

"행복이란 나비와 같아 네가 좇아가면 날아가고 가만히 앉아 있으면 네게 내려앉는다.("Happiness is as a butterfly which, when pursued, is always beyond our grasp, but which if you will sit down quietly, may alight upon you.")"이런 말이 서양에 있다.

지난 40여 년 간 연구 조사해온 사회과학자들은 유전인자, 성취감 그리고 가치관 이 세 가지 요소를 행복의 근원으로 보고 있다. 심리학자와 경제학자들이 연구 조사해본 결과 행복감의 50% 정도가 유전인자에 기인하고 40%는 노력해서 목적을 달성한 성취감에서 오나 이 성취감에서 느끼는 행복은 오래 가지 않는다고 한다. 그렇다면 나머지 10%에 해당하는 가치관에 행복이 좌우된다는 말이다. 우리가 어떤 가치관을 갖는가, 다시 말해 어떤 신앙이나 믿음, 어떤 가족관계, 어떤 사람들과 친교를 맺는가. 그리고 얼마만큼의 열정을 갖고 어떤 직업을 갖느냐에 따라 행복해

질 수 있다는 것이다.

영국의 자연파 계관시인 윌리엄 워즈워스가 그의 시 〈내 가슴 뛰놀다(My Heart Leaps Up)〉에서 '어린애는 어른의 아버지'라고 했듯이 이런 어린애가 우리가 어른 된 다음에도 계속 우리 각자 속에 살아있는 것일까? 1992년에 나온 〈귀향(Homecoming: Reclaiming and Championing Your Inner Child)〉 등 몇 권의 책이 1988년 이후 미국에서만 수백만 권 이상 팔렸고 책뿐만 아니라 그의 말을 녹음한 녹음테이프도 베스트셀러로 현대판 '복음'을 전파해온 존 브래드쇼는 미국 각지로 다니면서 여는 강습회 워크숍에 모여드는 수많은 청중에게 말한다.

"어른들이 느끼는 고립감, 고독감, 절망감 등 모든 불행감이 다 우리가 어린 시절 겪은 애정결핍에서 비롯한 것으로 그 상처가 아물지 않은 채 우리 각자 속에 아직 남아있기 때문"이라고 한다. 그러면서 그는 자기 자신의 어린 시절 얘기를 그 한 예로 든다. 사람은 누구나 남에게 공개하지 않은 비밀을 갖고 있는 만큼 병들어 있는 것이라고 한다. 그의 나이 열 살 때 알코올중독자인 아빠는 부인과 세 자식을 버리고 집을 나갔는데 친할아버지는 엄마를 강간 능욕했고 외할머니는 근친상간 당한 후유증에서인지 50년 동안이나 자리에 몸져 누워있었다고 한다. 남자를 몹시 혐오하게 된 이 외할머니가 "남자들이란 그들의 자지로 생각한다."라고 하는 소리를 여섯 살 때 들었다고 그는 말한다. 이와 같은 만성고질병을 낫게 하려면 우리 모두 각자 자신 속에서 아직도 신음하고 있는 '어린애' 보고 "자, 이제부턴 내가 너를 잘 보살펴 주마"라고 각자 자신 속의 어린애를 가슴에 안고 이 어린애를 그 옛날에 학대한 부모형제로부터 떠나라고, 그들에게 "잘 가" 작별을 고하라고, 그는 청중 한 사람 한 사람에게 최면 걸 듯 부드러운 음성으로 타이른다.

우리 동양에서는 예부터 '성선설'과 '성악설'이 있어온 것처럼 서양에서는 사람이 이 세상에 태어나면서 부모로부터 물려받은 유전성 천성천품과 태어난 후로 얻게 되는 환경과 교육으로 빚어지는 후천적인 변이성 인격교양 두 가지 가운데 어느 쪽 비중이 더 큰가 의론이 계속 끝없이 진행되고 의견이 분분해온 것 같다. 그런데 얼마 전 그 동안 여러 해를 두고 많은 심리교육학자들이 합동으로 연구 조사해 본 끝에 거의 결정적인 공론에 도달했다는 발표가 있었다. 특히 이번의 연구조사방법과 그 대상이 종전의 것과 다른 특이한 것이라는 점에서 이론의 여지가 적었다고 한다. 그 대상으로 여러 쌍의 동성 쌍태아를 아주 어려서부터 각기 분리시켜 전혀 다른 환경에서 키워 본 결과 주어진 여건과 받은 교육에 상관없이 비슷하다는 것이었다. 그래서 얻은 결론(?)이 70 내지 80%가 선천적인 요소라면 그 나머지 20내지 30%가 후천적인 가능성이란 것이다.

이상과 같은 발표에 나는 회심의 미소 짓고 감탄의 탄성을 발하게 된다. 과학적이고 유식 박식하다는 서양의 학자들이 부산떨며 공연히 '말로서 말 많을까 하노라' 하는 대신 우리나라에서는 저 아득한 옛날 옛적부터 그 어느 촌부(村夫-村婦) 아무나 다 알고 말거리가 못 되는 상식 중의 상식 같은 슬기와 지혜를 배우고 익히러 우리나라로 유학들 올 일이지. 쯧! 쯧! 우리나라 사람들 남녀

노소 할 것 없이 누구나 입만 뻥긋하면 진리 중에 진리 같은 말씀만 내 뱉지 않는가. '콩 심은 데 콩 나고 팥 심은 데 팥 난다' 하는가 하면 '구슬이 서 말이라도 꿰어야 보배'라 하고 '클 나무는 떡잎 때부터 알아 볼 수 있다'고 '세 살 적 버릇 여든까지 간다' 하지 않았나. 인생살이 77년 이상 해오면서 더욱 더 절실히 깨닫고 확인 또 확인해 온 한 가지 불변의 진실과 진리는 사람이고 일이고 간에 '추일사가지(推一事可知)'라고 한 가지 일로 미루어 모든 일을 알 수 있다는 것이고 또 '시작이 반'이라기보다 '시작이 전부'라는 것이다. 시켜서 할 사람이면 누가 시키기 전에 본인 스스로 알아서 잘 할 사람이고 남이 시켜야 할 때는 이미 너무 늦고 가망 없다는 뜻이다. 노예나 종같이 말이다. '덕(德)은 그 자체로서 보답이요 보상이라(Virtue is its own reward)' 하듯이 일도 사랑도 삶도 그렇고 하는 만큼 그만큼 행복할 수 있지 않을까.

안녕들 하시게나.

최근 고려대에 붙은 '안녕들 하십니까'라는 대자보가 한국사회에 큰 반향을 일으키고 있다는데 할아버지 세대의 한 사람으로 젊은이들에게 간곡히 전해주고 싶은 말이 있다. 예술가는 제 자신 말고 다른 아무도 즐겁게 하려고 해서는 안 된다고 독일의 시성 괴테는 믿었다고 한다. 그렇다면 '예술행위'는 예술가들의 '자위행위'라 할 수 있지 않을까. 그렇다 해도 술, 담배, 마약 중독의 자학이나 자살행위보다는 낫겠지만 말이다. 영국의 수학자로 그의 친구 딸 앨리스를 위해 환상적인 동화 〈이상한 나라의 앨리스(Alice's Adventures in Wonderland)〉를 쓴 루이스 캐롤이란 필명의 찰스 라트윗지 돗지슨(1832-98)은 그의 또 다른 작품 〈실비와 브루노(Sylvie and Bruno)〉에서 이렇게 말한다.

"주의를 기울이지 않아 우리는 삶의 기쁨을 반도 맛보지 못한다. 어떤 예를 들어도 좋다. 가령 A와 B가 같은 소설책을 읽는다고 하자. A는 그 소설 속의 가장 흥미로운 인물들 사이의 관계, 가장 인상적인 배경과 장면을 묘사한 부분, 그리고 별로 재미없어 보이는 대목들을 건너뛰면서 건성건성 읽어나간다. 그러면서도 책을 놓지 않고 끝까지 겉날려 대강 읽고 나면 피곤하고 기분이 저조할 뿐이다. 반대로 B는 그의 온 정신과 혼을 다 쏟는다. 이왕 할 바에는 뭣이든 잘 하자며. 그는 계속 읽어 내려가지 않고 한창 흥미진진하게 감질 나는 고비에서 단호히 책을 덮고 다른 데다 신경을 쓴다. 그런 뒤 다시 책을 집어 들었을 때 그는 배고픈 사람이 식탁에 앉듯 정신없이 탐독한다. 이렇게 다 읽고 나면 북돋아진 심신의 원기와 고양된 정신으로 그는 전보다 더 성숙하고 큰 사람으로 변해 있는 자신을 발견하게 된다."

또 영국 작가 C(live) S(taples) 루이스(Lewis) (1904-72)는 그의 수상록 〈네사랑(The Four Loves)〉에서 이렇게 말한다.

"친구 많다고 다양한 인간미를 폭 넓게 깊이 맛보는 것은 아니다. 네 서재에 책이 많다고 네가 유식한 것이 아니듯이. 중고서점 문밖에 내 논 값싼 헌 책에서도 네가 찾는 보물을 발견 할 수 있다. 마찬가지로 매일 만나게 되는 각양각색 각계각층의 사람들에게서도 너를 감동시키는 진실들과 너를 깨우쳐주는 교훈을 얻을 수 있다. 내 경험으론 애정이야말로 이런 관심과 의욕을 불러일으키고 더할 수 없이 신비로운 기적을 낳는다. 처음엔 눈 여겨보도록, 다음엔 참고 견디며 미소 짓도록, 그 다음엔 즐기도록 그리고 마침내 그 뜻과 의미를 음미하며 그 가치를 깨달아 알게 해준다. 세상에서 우리가 우연히 만나게 되는 모든 사람들 말이다. 우리를 위해 이들이 만들어졌다고? 하느님 맙소사. 천만의 말씀이다. 이들은 그들일 뿐이다. 믿을 수 없으리만치 이상하고 어림커녕 상상도 못할 만큼 가치 있는 사람들로."

그 한 극단적(極端的)이라기보다 극단적(劇檀的)인 예로 내가 25년 전 뉴욕에서 본 영화 〈나의 왼발(My Left Foot)〉이 있다. 이 영화는 진정한 모성애가 이룩한 기적을 보여 준다. 참된 사랑의 기적을. 태어나면서 뇌성 소아마비로 평생을 일어나 앉지도 못하고 누워 지렁이처럼 꿈틀거리며 식물인간으로 살 수 밖에 없었던 아이가 결코 포기하지 않는 엄마의 모성애와 본인 자신의 신념과 용기로 몸성한 사람 이상으로 열심히 또 신나게 삶을 즐기며 사는 훌륭한 작가 겸 화가가 된 아일랜드 사람 크리스티 브라운(Christy Brown)의 감동적인 실화이다. 전신이 마비되었지만 신경이 조금 살아남아 있는 왼쪽 발가락을 움직여 글도 쓰고 그림도 그리게 되는 데서 '나의 왼발'이란 제목이 붙게 된 것이다.

우리말에 '이 없으면 잇몸으로 산다.'고 삶이 있는 곳에 결코 절망이란 있을 수 없음을 이 영화는 관객으로 하여금 실감케 해준다. 참사랑만 있으면 그 어떤 절망적인 여건과 상황에서도 눈부시도록 찬란한 생명의 꽃을 아름답게 피울 수 있음을 보여 준다. 실로 참으로 산다는 것은 사랑한다는 것 아닐까. 살아 숨 쉬는 동안 우린 각자 그 누군가를 사랑하지 않을 수 없고, 아무도 사랑하지 않는 삶이란 알맹이 없는 빈 껍질일 뿐이다. 어떤 일이 일어나도 우리에게 주어진 삶의 축복에 감사하며 하루하루 삶을 즐길 수 있지 않나. 불행한 화처럼 보이던 일이 지나고 보면 외려 다행스런 복이 되기도 한다. 그래서 전화위복이니 새옹지마(塞翁之馬) 또는 새옹득실(塞翁得失)이라 말하는가 보다. 보는 사람 눈에 따라 모든 것이 다 좋아 보일 수도 있고 다 나빠 보일수도 있다. 세상 모든 것에서 아름다움을 보는 사람에겐 나쁜 날씨란 없고 여러 가지 다른 좋은 날씨가 있을 뿐이다.

여성전성시대

바야흐로 여성 전성시대가 펼쳐지고 있다. 세계 경제를 좌지우지하는 미연방준비제도 이사회 의장에 여성인 자넷 엘런이 금년 초에 부임했고 독일 여성 총리인 앙겔라 메르켈과 한국의 박근혜 대통령은 물론 독일, 스웨덴, 노르웨이, 네덜란드의 국방장관이 모두 여성이며 미국에서도 2016년 다음 대통령 후보로 힐러리 클린턴이 가장 유력시 되고 있다. 빌 클린턴 대통령 재임 시 미국 정계에서 유행했던 '빠져 있는 유전인자론'에 따르면 빌 클린턴의 부인 힐러리는 대통령부인 될 자격 아니 그 자질을 못 가지고 있다는 것이었다. 그 자질이란 남편이 다 못 갖추고 남편에게서 빠져 있는 그의 부족한 한 가지 자질만 부인이 갖고 있어야 한다는 것이다. 무골호인(無骨好人) 레이건의 부인 낸시처럼 로니의 '보복인자'하던가, 냉혈한 부시의 부인 바바라처럼 조지의 '온정인자'라던가, 골빈 무골충(無骨蟲) 퀘일의 부인 말린처럼 댄의 '두뇌인자'

같은 것 말이다.

그런데 힐러리는 힐러리대로 남편 빌만큼 갖출 자질을 다 갖추고 있기 때문이란다. 이것을 풀이해보자면 서양에서 태고의 옛날 옛적으로부터 성서적 신성불가침의 불문율로 지켜져 내려 온 금기를 깰 우려가 있다는 뜻이었으리라. 어린 소녀같이 머리띠 헤어밴드를 두른다든가 남자처럼 정치연설을 한다든가 하는 일은 그만둘 수 있어도 머릿속에 남편 못지않게 꽉 차 있는 골수나 가슴속에 남편과 똑같이 꽉 들어차 있는 좌우 열 두 쌍의 늑골 갈비뼈 가운데서 '남자의 갈비뼈' 하나만 빼고 나머지를 다 뽑아 버릴 수 없는 힐러리는 여자들 가운데서 좀처럼 찾아보기 힘든 예외적인 존재로 돌연변이의 '골찬당'인 까닭에서였으리라. 더더군다나 남편 빌이 자기가 지금껏 인생에서 배운 것 중 가장 중요한 교훈들은 모두 네 명의 여자인 할머니, 어머니, 아내 그리고 딸로부터 배운 것이지 미국의 예일 대학이나 영국의 옥스퍼드 대학 다니면서 배운 것 아니라고 공언 강조 역설하는 마당에서랴.

여성만세. 여성만만세. 그리고 여성만세 부르는 클린턴 같은 남성만만세. 여자 남자 없인 살아도 남자 여자 없인 못 살지. 한즉 그런즉 그러한즉 신이 남자로부터 갈비뼈 하나 뽑아내서 여자를 만든 것이 아니고 여자의 젖가슴을 짜서 남자아이 만들었으리라. 가슴가슴 젖가슴으로. 가슴 만세. 젖가슴 만세. 사랑의 젖가슴 만세. 젖의 부족에서 생기는 유아의 고질병 젖감질(疳疾)을 댄 퀘일같이 두고두고 앓게 되는 남자 없도록. 그 당시 뉴스에 댄 퀘일 미국의 부통령이 만일 자기 딸이 임신을 했고 태아를 낙태 유산시키기로 결심했을 경우 딸의 결정을 지지하겠노라는 보도가 있었다. 그 몇 년 전 (물론 유산을 반대하는 유권자의 표를 의식해서였겠지만) 선거유세 때 그는 11세 내지 13세 〈어린이 급신(急信)〉이란 TV 뉴스 잡지 기자들과 가진 인터뷰에서 한 어린 소녀 기자가 묻는 다음과 같은 질문에 그는 이렇게 대답했었다.

"열두 살인 내가 내 친 아빠에게 강간당해 임신했다 가정하면 내가 잉태해서 그 아이를 출산하라 하시겠습니까?"

"그렇다. 내 아내 말린이 내가 아닌 다른 어떤 남자에게 강간당해 임신을 해도 난 아이를 낳으라고 하겠다."

하여튼 철자법 맞춤법 영어 스펠링 공부보다 먼저 젖부터 한참 더 먹어야 할 남자아이임에 틀림없겠다며 아들 자(子)라 하기보다 딱할 딱 자가 덜 떨어졌다고 많은 사람들이 느꼈으리라.

가능성의 예술

74년 동안 존속되어 온 체코슬로바키아연방이 체코 공화국과 슬로바키아 공화국으로 분리됨에 따라 체코연방 대통령직을 사임한 바츨라프 하벨은 그의 저서 〈여름 사색〉에서 정치인들이란 단순히 한 국가의 건강이나 병약 상태를 반영할 뿐만 아니라 그러한 상태를 만들어낸다고 아래와 같이 말한다.

'어느 나라든 그 나라 국민 수준만큼의 정치지도자를 갖는다.'고 한다. 옳은 말이다. 한 사회의 거울이고 그 사회의 가능성을 구체적으로 구현하는 일종의 화신이 정치인들이니까. 그렇지만 동시에 역설적으로 말해서 그 거꾸로 역(逆)도 참으로 진(眞)이다. 정치인들을 반사해주는 거울이 사회라고. 사회구성원인 한 사람 한 사람의 강점과 약점 가운데 어느 쪽에 의존하느냐, 사회 내부의 어떤 세력을 억제하고 또 어떤 세력을 육성시키느냐가 주로 정치인들에게 달렸다. 이전의 정권(여기서 그는 공산주의 독재체제를 의미했겠지만 유럽과 미주의 통칭으로서의 서구식 독점자본제국주의 정부들에게도 들어맞는 말 아닐까?)은 이기적 탐욕, 시기, 증오심 같은 인간 최악의 성질을 충동하고 동원해 왔다. 그것도 아주 조직적으로. 다시 말하자면 인간의 약점을 악용해 온 것이다. 우리 자신의 최대공약수에 상당하지 못하고 그 가치기준에 못 미치는 위정자들로 인해 우리가 오늘의 사태에 이른 것이다. 따라서 정치하는 사람들이야말로 이와 같은 사태에 책임을 지고 우리 사회의 향상과 발전을 위해 우리 모두의 최선을 이끌어 낼 사명을 띠고 있다. 이처럼 명쾌한 하벨의 진단대로, 그래서 정치란 '가능성의 예술'이라 하는가 보다. 예술의 세계에서는 모든 것이 질서정연하게 잘 짜여 있어 다른 데서 경험하고 맛볼 수 없는 위안처를 우리에게 제공해 준다. 일찍이 들은 말 가운데 이런 것이 있다.

"지금 네가 어떤 사람이고 누구인가는 네게 주신 창조신 하느님의 선물이고, 앞으로 네가 어떤 사람 누가 되는가는 하느님에게 드리는 네 선물이다."

이 말에서 하느님이란 우리 각자가 각자대로 있도록 도와주신 우리 조상, 부모형제, 그리고 친구들과 모든 이웃까지 포함한 것이리라. 이 말을 좀 달리 풀이해 보면 이렇게도 말할 수 있을지 모르겠다. 소크라테스가 '너 자신을 알라'고 했다지만 그보다는 '너 자신을 창조하라'고, 아니 또 그보다는 '너 자신을 창조해 살라'고 했어야 하지 않았을까? 독배를 들고 자살(?)한 그에게 좀 무리한 주문이 될지는 몰라도 말이다.

아무래도 좋아

'너나 아프고 청춘하세요! 우린 안녕하지 못하다고요!'가 2013년 겨울 한국 대학에 나붙은 대자보의 푸념이라면 2013년 미국인들이 가장 짜증을 많이 내는 단어로 '아무렇거나'(좋을 대로)란 뜻의 '왓에버(whatever)'가 선정됐다. 한국에선 80년대 대자보에 나타나던 '반미-혁명-해방' 같은 운동권 용어 대신 '안녕-불안-사회' 같은 일상용어가 등장했다는데 미국에선 이 '왓에버'가 5년 연속 짜증나는 단어 1위를 차지하고 있는 것으로 드러났다. 그럼 이 '왓에버'의 의미를 좀 음미해보자. '왓에버'는 '마음대로 해'나 '좋을 대로' 등의 의미로 쓰이지만 부정적 또는 긍정적 어느 쪽으로도 사용할 수 있는 것 같다. 부정적으로는 '아무렇거나 상관없다', '내 관심 밖이다', '내가 어쩔 수 없다', '될 대로 되라'는 체념 상태에서 내뱉는 허탈감의 표시일 수 있다. 그 반대로 긍정적으로는 '아무래도 좋다'는 달관의 경지에서 발하는 소리일 수도 있다.

영어로 표현해서 '계란이 있으면 오믈렛을' '레몬이 있으면 레모네이드를' 만들라. (If you are given eggs, make omelet. If you are given lemons, make lemonade.)'고 한다. 그래서 세상에서 가장 성공적이고 행복한 사람은 무엇을 얼마만큼 가진 사람이 아니고 가진 것을 최대한 활용하고 선용하는 사람이라고 하나 보다. 아일랜드 작가 오스카 와일드의 말처럼 "우리 모두 시궁창에 빠져있지만 어떤 사람은 별을 쳐다본다. (We are all in the gutter, but some of us are looking at the stars.)" 이 말을 이렇게 바꿔 의역해 볼 수도 있지 않을까. '나는 별들을 너무 좋아하기에 밤이 무섭지 않다. (I love the stars too fondly to be fearful of the night.)'

16세기 중엽 스페인의 이그나티오스 로욜라가 신교에 대항해 가톨릭교의 발전을 위해 조직한 예수회의 수사(修士) 발타사르 그라시안은 그의 격언집 〈세속적인 비망록〉에서 이렇게 말한다.

"사색만으로는 안 된다. 생각뿐 아니라 행동해야 한다. 실질적인 실용성 없는 지식이 무슨 소용 있으랴. 참된 지식은 어떻게 살아가야 할지를 아는 것이다."

옛날 1960년대 내가 젊어서 서울 약수동에 있는 아파트에 살 때 이 아파트에 관리인 한 분이 있었다. 이 아파트에 2년 남짓 사는 동안 그는 결근 한번 하지 않고 아침 6시부터 밤 9시까지 거의 잠시도 쉬지 않고 복도며 층계를 비로 쓸고 물걸레로 닦았다. 하루는 이 아저씨보고 하던 일 잠시 쉬고 우리 집에 들어와 차 한 잔 드시라고 해도 사양 하시는 것을 권해 그는 마지못해 들어와 얘기를 좀 나눴다. 자수성가한 이 아저씨는 그가 젖먹이 때 아버지를 여의고 일곱 살 때 엄마까지 잃어 시골 이웃집에 얹혀 머슴살이를 하다 그의 나이 열여섯에 서울에 올라왔단다. 처음에는 지게를 지고 부지런히 짐을 나르다가 짐수레를 끌면서 3년 안에 돈 백만 원을 모아 그는 나이 열아홉 살 때 결혼하고 군에 갔다 제대한 후 도배와 미장이 목수일 까지 하면서 헌 집을 사 수리해 팔기 시작, 점점 집을 늘려 그 당시 시가(時價) 천만 원이 넘는 큰 집을 갖고 있고 그 집 일부는 세를 주고 있으며 아들 셋을 다 대학에 보내고 있었다. 이 아저씨는 글 한 줄 제대로 못 배우고 문학이나 예술, 학문이나 사상에는 무식할는지 몰라도 인생살이 세상살이에 있어서는 그 어떤 학자나 박사보다 더 유식하고 박식하며 어떤 신부나 스님보다 더 성실하고 진실하게 살아가는 사람이 아닐까 하는 생각을 하게 되었다. 전에 런던대학에서 잠시 법률 공부할 때 인도에서 온 한 법학도로부터 인도의 성자 마하트마 간디의 두 아들 중 하나는 자살했고 또 하나는 알코올중독자가 됐다는 말을 듣고 회의심이 생겼었다. 그가 정말 얼마나 훌륭한 인간이었을까 하고.

언젠가 도산 안창호 선생이 옥중에서 자기 가족에게 쓴 편지를 읽고 나는 '수신제가 치국평천하'라는 말의 뜻을 되새겨 보았다. 그는 자기가 국가와 민족을 위한다는 대의명분을 갖고 살아왔지만 한 사람의 남편으로서 또 아빠로서는 실패한 인간실격자요 인생낙오자란 자책감과 자괴지심에서 쓴 편지였다. 또 언젠가 다음과 같은 에이브러햄 링컨 말에 깜짝 놀라 감탄하면서 그에게 더욱 친근감과 존경심을 갖게 되었다.

"그 어떤 여인이 나와 운명을 같이 하기로 한다면, 그 언제 그 누가 그럴 경우, 나는 내 힘껏 그 여인이 행복하고 만족하도록 나의 최선을 다할 생각이다. 이 일에 실패하는 것보다 나를 더 비참하게 하는 것은 없을 테니까."

여기서 우리 카릴 지브란의 〈선구자(The Forerunner)〉에 나오는 경구 하나 반추해보자

바람개비(The Weathercock)

바람개비가 바람 보고 말했다
"넌 왜 늘 한 방향으로만
내 얼굴을 향해 불어오지.
단조롭고 지겹게도 말이야.
너 좀 제발 다른 방향으로
반대쪽으로 불 수 없니?
난 너 때문에 내가 타고난
내 균형감을 잃고 있어."

바람은 아무 대답 않고
허공 보고 웃을 뿐이었다.

진정한 주체사상

나는 일찍부터 어른들이 갖고 있는 편견과 화석처럼 굳은 고정관념이 몹시 싫었다. 사내자식은 어때야 하고 판검사나 의사, 박사가 돼야 한다느니, 사법고시를 보든가 외국유학을 가라는 등 이런 말들에 심한 거부감을 느꼈다. 그래서 나는 마음속으로 스스로를 다짐했다. 어떤 사람, 어떤 성별, 어떤 직업에 대한 편견도 갖지 말자고. 그러면서 온갖 독선, 독단적인 주의주장과 위선에 찬 허례허식에 반발, 생리적인 거부반응을 보여 왔다. 그 실례로서 아무 거리낌 없이 멀리하라는 전라도 친구들도 사귀고 개성 여자하고 결혼까지 했으며 내 처가 딸만 셋 낳았어도 나는 털끝만치도 섭섭하거나 아들을 아쉬워한 적이 없다. 뿐만 아니라 남들이 머리 싸매고 파고드는 고시공부도 아예 외면했고 기회가 몇 번 있었는데도 외국유학을 마다했다. 어디 그뿐이랴. 대학 다닐 때 잠시 서울 용산에서 약국을 했었다. 약제사 면허증을 돈 주고 빌려 쓰면서. 그런데 하루는 어떤 여자 손님한테 내가 약을 잘못 팔았다. 외과용 페니실린 질(膣)정을 내복약으로. 기겁을 하고 백방으로 그 손님을 찾아내서 위급한 사태를 벗어날 수 있었지만 예부터 '선무당이 사람 잡는다'고 하마터면 내가 그럴 뻔 했었다. 나는 혼비백산하여 약국에서 손을 뗐다. 이처럼 나는 남들이 잘 안 하는 짓만 골라가며 해온 것 같다. 시류를 거슬러 올라가면서. 이것이 다 내가 어려서 들은 말, '죽은 물고기는 떠내려가지만 산 물고기는 물을 거슬러 올라간다.'는 것을 잊지 않아서였는지 모를 일이다.

1978년 외국 생활하다 6년 만에 내가 서울에 갔을 때 언론계 선배이신 모 인사께서 댁으로 나를 저녁식사에 초대해주셨다. 그 자리에는 전에 코리아 타임즈에서 같이 근무했고 나와 친하게 지냈던 옛날 동료기자 두 사람도 있었다. 저녁을 먹고 술 한 잔씩 하면서 이런 저런 얘기 중에 그 당시 청와대 비서관으로 있던 모씨가 내가 1972년 초 영국에 가서 개인적인 교분을 갖게 된 외교관 모 인사(주영대사관 공사, 그 후로 태국, 화란 및 유엔대사를 역임했음)를 '하우스 보이' 출신이라 지칭했다. 이 말에 나는 "아니, 대한민국이란 나라 자체가 미국의 하우스 보이 같은 나라라면 대한민국 국민 중에 그렇지 않은 사람 있겠느냐"고 대성일갈했다. 옆에서 듣기 좀 민망하셨는지 우리를 초대해주신 선배께서 그 자리 분위기가 좀 누그러지게 "이형, 영국 생활 어떠십니까?"라고 물어 화제를 돌리려 하셨다. 그래도 부족했는지 나는 동문서답을 하고 말았다.

"영국 사람들은 저 혼자만 잘났다고 깝죽, 깝신거리지도 않지만 누가 까불까불 채신없이 까불거려 보았자 아무도 알아주지 않는 것 같더라."

이토록 민감하고 과격한 반응을 보였던 것이 나 자신이 미군의 '하우스 보이' 출신이라는 일종의 자격지심에서였는지는 몰라도 그보다는 좀 더 근본적이고 본질적이며 실존적인 한국인의 자존자위(自存自衛)를 위한 역설적 자존, 자긍심의 발로였던 것 같다. 돌이켜 보면 8.15 해방 이후 한반도에 불어 닥친 시베리아 북풍삭풍(北風朔風)과 서양의 양풍열풍(洋風熱風)을 타고 밀어닥친 구호물자 화주(火酒) 보드카와 '고드름 고추' 얼음사탕 아니면 독초(毒草) 양담배와 '츄잉검 고추' 껌을 정신없이 막 빨고 씹으면서 너도 나도 '고추 먹고 맴맴, 담배 먹고 맴맴' 우리 모두가 어지럽게 살아오지 않았을까. 종교, 학문, 예술 할 것 없이, 그야말로 '골빈당'들이 되어, 골이 비다 못해 골 속은 물론 뱃속에까지 전쟁의 회오리바람이 불어치게, 골수는 물론 오장육부 다 빼버리고.

사람이고 들짐승 날짐승이고 간에 사람답게 짐승답게 생긴 대로 제대로 살려면 두 팔, 두 다리, 두 날개 다 있어야 하는 자연의 이치, 천리(天理)를 거슬러 '좌익' 아니면 '우익', 빨갱이 아니면 파랭이 또는 노랭이로 '연지 찍고 곤지 찍고' 억지 분장까지 해 가며 그것으로도 모자라 생으로 멀쩡한 한 눈, 한 팔, 한 다리, 한 날개, 한 허파까지 떼어버린 천하의 해괴망측한 기형아 '곰 새끼'나 '독수리 새끼'가 되어 북극의 '백곰'과 남극의 '백독수리'가 추는 죽음의 무도 'danse macabre' 장단에 미쳐 날뛰면서 동족상잔의 비극을 70년 가까이 이어오고 있지 않는가. 있는 재주 없는 재주 다

부리면서. 옆에서 지켜보는 음흉하고 약삭빠른 이웃 나라 중국과 일본이 실속 다 차리도록 말이다.

그렇다면 뭣보다 우리 배달겨레의 배알부터 추스르고 볼 일 아닌가.

화장(火葬)할 화장감들

"가슴은 가슴이 원하는 것을 원한다. 이런 일에 논리(論理)나 조리(條理)란 없다. 네가 누굴 만나 사랑하게 되면 그것으로 그뿐이다."

20여 년 전 미국 사회에서 크게 물의를 일으키며 초현대식 반(反)가정적 영화 같은 부부 아닌 부부의 파경을 몰고 온 파격적인 로맨스(여자의 전(前)남편 성을 딴 한국계 입양아 순이와의 사랑)의 주인공으로 지난 50여 년 간 미국의 영화감독, 배우, 스크린 작가, 코미디언, 음악가로 활약해온 우디 알렌(78세)의 말이다. 할리우드 외신기자협회는 그를 2014년도 골든 글로브 생애 업적상인 세실 B. 드밀상 수상자로 선정했다. "내게 생애 업적상을 주다니 내가 죽음에 한발 더 가깝게 다가간 기분"이라며 순이가 한국에 가고 싶어 하기 때문에 2014년에는 한국을 방문할거란다. 1997년 순이와 결혼한 알렌에게는 세 번째 결혼으로 "이번에야말로 운이 잭팟을 터뜨려 이뤄진 결혼"이라며 그는 행복한 웃음을 짓는다. 다음은 그 당시 알렌의 연인 순이 양이 시사주간지 TIME(1992년 8월 31일자)과의 인터뷰에서 대답한 말이다.

문 : 몇 살이에요?

답 : 오는 10월에 스물 둘 돼요. 내 운전면허증과 여권을 보세요. 미아(패로우)가 병적으로 흥분해서 히스테리컬하게 주장하고 고발한 것처럼 내가 강간당하지도 조종 이용당하지도 않았고 또 그 여자가 소문을 퍼뜨린 대로 내가 저능아나 정신박약의 지진아도 아니지요. 심리학을 전공하는 대학생입니다. 그 여자가 내 학비와 생활비를 다 끊어버렸지만 학업을 계속해 졸업할 수 있도록 난 다른 방도를 강구 마련해 놨습니다.

문 : 우디 알렌을 하나의 아버지 부상(父像)으로 봤습니까?

답 : 우리 알렌을 아버지나 계부 의붓아버지로 생각한다는 것은 우습지요. 가소로운 일입니다. 내 부모는 앙드레 프레빈과 미아(패로우)이나 이들도 내 친부모는 아니었어요. 그는 자기 자신의 애들과 그의 일에 전념하는 사람이었지, 우리는 한 순간도 같이 보낸 적이 없었어요. 우린 말을 나눈 적도 없고 서로에게 아무 관심이 없었어요.

문 : 그럼 언제부터 이런 관계에 변화가 생겼나요?

답 : 내가 스무 살 때였어요. 그는 야구경기를 같이 보러 갈 사

람이 없었는데 내가 야구경기를 보고 싶었지요. 이미 그때는 그와 미아의 관계가 벌써 오래 전에 끊나 버린 상태로 담담한 친구 사이일 뿐, 옛날같이 함께 외출하는 일도 없었고 일이나 애들 때문에 같이 있을 때 말고는 서로 상관없는 남남으로 지내고 있었어요.

문 : 미아 패로우와의 관계는 어떤 사이입니까?

답 : 전에도 그랬듯이 미아가 내게 퍽 심하고 난폭하게 대할 수 있는 여자인 줄 내가 잘 알고 있는 까닭에 난 집에 가질 않아요. 자세한 얘기는 안하겠지만 그 여자는 나를 자식같이 대하지 않았어요. 그 여자는 남 보기와 아주 달라요. 세상 사람들이 생각하는 그런 엄마가 결코 아니에요. 나의 나이어린 동생들이 아직 그 여자에게 의존하고 있으므로 그들이 마음에도 없는 사실이 아닌 거짓말도 하는 줄 난 알고 있지요. 미아가 날 입양해준 데 대해 고맙게 생각하고 있어요. 그러나 그 여자의 책임이 날 입양한 그 행위로 끝나버린 것이 아닐 텐데, 어른들 문제를 갖고 죄 없는 어린 애들을 미아가 괴롭히는 것을 난 정말 진심으로 유감스럽게 생각해요.

이것이 어디 한 입양아에 한해서랴. 생부, 생모들 가운데도 자식들을 소유물이나, 애완물, 과시용 장식품 또는 희생양 제물로 삼는 포주 같은 폭군들이 있지 않던가. 갖은 편견과 고정관념, 독선과 위선에 가득한 주의 주장, 남존여비, 관존민비의 반동사상, 허례허식 외면치레, 물질만능주의 속물근성, 맹신과 맹종 등등

못된 유산이나 물려주면서 자식들의 순수한 안목과 인격과 사랑을 짓밟는, 인간답지 못한, 부모답지 못한, 독충 독초 같은 인간쓰레기 독성인간들 그야말로 '고려장'감들 말이다. 아니 나쁜 유전병 병균 씨도 남지 않도록 저 '타타타'의 나라 인도에서처럼 말짱히 태워 화장(火葬)할 '화장'감들 말이다.

타타타 모든 것 초월한 사랑불에
가슴 타는 대로 가슴 타는 대로
타타타 바로 그거지! 너도 나도.

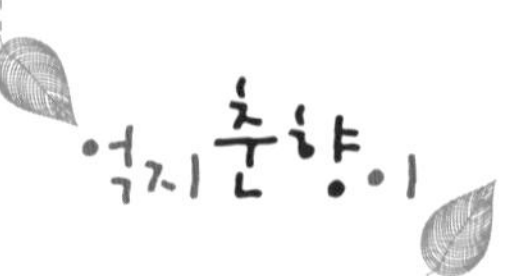

미 대륙의 원주민 아메리칸 인디언들을 '구제할 길 없는 야만인들'이라고 하는 다른 서양 사람들과 달리 그나마 대량 학살 '인종청산'에서 기적적으로 살아남은 극소수의 인디언 어린이들에 대한 '자비심'과 '동정심'에서 이들을 서구인화 하려고 애썼던 한 백인의 실험담이 있다. 미국 남북전쟁에 참전했던 재향군인 리처드 프라트는 펜실베니아주 카라일에 [인디언 아이들을 위한 프라트의 카라일학교]를 설립, 미국 각지의 인디언 부락에서 애들을 데려다가 입학시켜 이들의 머리를 자르고 서양식 교복을 입히고 세례를 받게 해준다. 이 가운데 한 아이가 이러한 경험을 기록해 놓고 있다.

"난 이제 더 이상 인디언이 아닌 것처럼 느껴졌다. 백인의 모조품같이."

얼마 전 나는 미국병원에서 해산한 조카뻘 되는 조카며느리를 다른 가족들과 같이 방문했다. 신생아실에 있는 갓난애를 유리창으로 들여다보면서 애 이름 지었느냐고 애기아빠보고 물었더니 그는 대뜸 '조지'란다. 성이 서씨 아니게 망정이지! 물론 애기 부모나 조부모님께서 알아서 결정할 일이겠지만 현재 미국에 사는 재미교포자녀들이 서양이름들을 많이 갖고 있는 것을 나라고 이해 못 하는 바는 아니다. 그런데도 어쩐지 타고난 얼굴 생김새와 이름이 걸맞지 않아 본인은 물론 주위 사람들에게 어색한 기분과 혼동감을 느끼게 해주는 것만 같다. 하긴 1.5세나 2세 자신들은 미국 이름 갖는 것을 더 좋아하고 더 자연스럽게 느끼고 있을는지 모를 일이다. 다만 일제 강점기 시대 억지로 창씨개명까지 할 수밖에 없었던 일을 기억하고 있는 내 세대가 좀 거북스러워하면서 이제 와서는 우리 한민족이 자발적으로 스스로 개명 아닌 서구식 작명을 하게 됐다는 것이 그 더욱 서글픔을 자아내게 할 따름이다. 생김새가 비슷한 일본인으로부터 차별당하지 않기 위해 일본 이름을 많이들 쓰고 있을 재일교포와는 달리 미국에서는 미국사람들 부르기 좋으라고 편의상 미국 이름 쓴다 하겠지만 국적이 어떻든 어디에 살고 있든 동양인에다 한국인임을 어쩔 수 없지 않을까.

결코 남의 일 같지 않은 비근한 예를 하나 들어보자. 중국 화교 출신으로 첫 주중 미국대사를 지낸 게리 로크(64) 씨가 3월 1일 퇴임에 앞서 중국관영매체의 원색적인 비난을 받았다. 중국신문사(中國新聞社)는 2월 28일 '잘 가시오, 게리 로크'라는 제목의 사설에서 그를 '썩은 바나나'로 지칭했다. 겉은 노랗고 속이 하얀 바나나는 생김새와 달리 자신을 서양인으로 생각하며 사는 아시아인을 비하할 때 쓰는 말이다. 이 사설은 "바나나는 오랫동안 놔두면 껍질은 썩고 하얀 속살도 까맣게 변한다"며 "화교 3세인 로크 대사가 미국 입장만 대변했다"고 비난했다. 이를 내가 같은 동양인의 입장에서 풀이를 좀 해보자면 인(仁)과 덕(德)을 으뜸으로 삼는 동양왕도(東洋王道) 대신 인의(仁義)를 경시하고 무력과 금력을 중시하는 서양패도(西洋覇道) 패권주의의 앞잡이 광대라고 조롱한 것이다.

그럴진대 한 예로 세계적인 음악가로 국내에서보다 해외에서 더 많이 활약해온 정명화, 정경화, 정명훈 남매들같이 한국인으로서 한국적인 제 이름 그대로 쓰는 것이 그 얼마나 더 떳떳하고 당당하며 그 더욱 자연스럽고 존경스럽기까지 하지 않는가. 사람이라면 그 누구나 사람다워야 사람대접을 받을 수 있다. 자기 자신을 제가 제대로 지킬 때 말이다. 원숭이처럼 남의 흉내나 내지 말고. 자기 자신을 잃고 자기 고유의 개성과 인격을 버리고 나면 그런 나라나 민족 또는 개인에게는 참다운 '외교'나 정정당당하고 대등 공평한 대외(인간)관계 및 개인주권이 없는 셈이다. 외면치레와 형식적인 의례절차는 어떻든 남의 종이나 꼭두각시 노릇밖에 할 수 없다. 그런 만큼 한국 사람이면 현재 남한에 살고 있든 북한에 살고 있든 아니면 해외 미국 등지에 살고 있든 누구나 다 크게 반성 자각해야 할 것 같다. 더욱이 종교와 신앙에서 '강자'에게 붙어 사리사욕을 채우는 기회주의자나 사기꾼이 '약자'의 피와 땀과 눈물까지 더 이상 알겨먹지 못하도록 수많은 '골빈당'들이 하루속히 한시바삐 대오각성 '골찬당'들이 되어야 할 것이다. 그러려면 무엇보다 먼저 종교와 신앙을 빌미잡아 '천당에 보내준다'는 감언이

설이나 '지옥 간다'는 공갈 협박으로 '세례' 준다며 세뇌 공작하는 악덕 장사치, 현대판 '서양무당'들이 걸어 논 '최면상태'에서 어서 깨어나고 벗어나야 하리라.

아, 그래서 인도의 성자 마하트마 간디가 예수는 좋아하면서도 '크리스천'들을 싫어했고 레바논 출신 철인 카릴 지브란이 예수는 존경하면서도 교회나 성당 그리고 '성직자'들을 경멸하다 못해 혐오했으리라. "우주를 한 사람으로 축소하고 그 사람을 신(神)으로 확대하는 것이 바로 진정한 사랑"이라는 프랑스 작가 빅토르 위고의 말을 우리 깊이 음미해 보자.

닉슨과 키신저 — 마당 터진데 솔뿌리 걱정

“권력이란 궁극적 최음제 미약(媚藥)이다.” 이것은 미국의 대표적 외교기술자 전 국무장관 헨리 키신저의 말이다. 1974년 그가 낸시 매긴스와 결혼하기 전 그는 수많은 여배우들과 데이트했다. 길 세인트 죤, 사만타 에가, 셜리 맥클레인, 말로 토마스, 캔디스 버겐, 리브 울만 등이다. 이 여인들이 그에게서 느낀 매력이 권력이라면 그가 이 여인들로부터 추구한 것은 무엇이었을까. 1993년에 나온 〈키신저 : 그의 전기〉에서 그가 찾는 것은 사랑이 아니고 명성이었을 거라며 저자 월터 아이작슨은 이렇게 적고 있다.

“키신저의 여자관계에 있어 불미스러운 비밀은 그런 것이 전혀 없었다는 일이다. 그는 여자들과 외출하기 좋아했으나 여자를 데리고 집(침실?)으로 돌아오진 않았다.”

그의 뛰어난 머리만 살아있지 살아 뛰는 가슴이 죽어있다는 암시인지 모를 일이다. 권력의 역학을 이해하고 교섭과 협상을 진행시키는 외교기술에 있어서는 천재적인 귀재라 할 수 있어도 한 사람의 인간으로서는 수준미달의 미숙아란 뜻이다. 강박적 자기중심벽(自己中心癖), 아첨아부, 표리부동, 불성실의 표본이란 말이다. 다시 말해 도덕성과 인간성 아니 인격을 희생시킨 대가로 '현실정책(real politik)' 수행을 위해 머리만 굴리다 보니 그야말로 '대가리를 잡다가 꽁지를 잡았다'가 아닐는지. 이 전기에 따르면 키신저는 닉슨 앞에서는 물론이고 닉슨 부인에게도 알랑방귀를 잘 뀌었는데 팻 닉슨을 처음 만난 자리에서 남편을 극구 찬양하자 부인이 반문하기를 "아직 그 사람을 꿰뚫어보지 못했느냐?"라고 했단다. 어딜 못했을라고. 말할 것도 없이 돌아서서는 그가 대통령 흉을 심하게 보았다고 한다. 닉슨을 가리켜 '주정뱅이', '망나니', '멍텅구리'라고. 이를 모를 리 없는 닉슨이 아니었다. 대통령직을 떠나면서 닉슨은 말했다고 한다. "헨리가 그 자신이 대통령이라고 착각을 할 때면 난 그의 골통을 발길로 까줘야 했고 때로는 그를 토닥거려 어린애같이 다뤄야 했다." 그러니 닉슨이 머리고 키신저가 꼬리였으리라.

얼마든지 주위에서 우리는 볼 수 있다. '꼬리'가 '머리' 행세하려드는 이런 꼴불견을. 제가 저 될 생각 안 하고 딱하게도 제 분수 모르고 저 이상이 되려 꾀하다 저 이하로 전락하고 마는 열등의식의 포로와 노예들. 제 이름 석 자 멀쩡하게 갖고 있는 유명유실인(有名有實人)들이 어쩌자고 제가 아닌 그 누군가를 내세워 큰소리해 봤자 눈 감고 남의 그림자밟기. 있는지도 없는지도 모를, 이런지도 저런지도 모를, 너인지도 나인지도 모를, 도깨비 아니 허깨비놀음 이제 그만 아서라 아서. 국가와 민족 애국 애족, 학문과 예술, 종교와 사상, 예수, 석가모니, 하느님의 이름과 권위를 빙자해서 이러쿵저러쿵 억지 쓰며 갖은 육갑 떠는 짓거리들 이제 그만 아서라 아서. 하느님을 귀신 도깨비로 만들 수 없는 일이어라. 미국의 대표적인 표어로 "우리는 신(神)을 믿는다."를 들 수 있을 것이다. 미국 남북전쟁이 끝날 무렵 처음으로 2전 짜리 구리 동전에 새겨진 이 모토는 제16대 미국의 대통령 에이브러햄 링컨의 재무장관 새먼 피 체이스가 당시 국민의 정서에 맞춰 화폐에 집어넣기 시작했다고 한다. 이에 대해 〈톰 소여의 모험〉과 그 속편 〈허클베리 핀의 모험〉의 작가로 유명한 미국 작가 새뮤엘 랭혼 클레멘스의 필명인 마크 트웨인은 다음과 같이 논평했다.

"그것 참 아주 간단하고 직접적이면서 우아하게 표현되었다. 이 말은 언제나 좋게 들린다. 우린 신을 믿는다는 말이 사실이라 하더라도 더 이상 좋게 들리지는 않을 것이다. 만일 미국이란 나라가 신을 믿은 적이 있다 할 것 같으면 그런 때는 벌써 지나가 버렸다. 거의 반세기에 걸쳐 그 동안 미국사람들이 믿어온 것은 공화당과 달러였다. 특히 달러였다."

마크 트웨인이 이와 같은 코멘트를 하게 된 것이 제26대 대통령 띠오도르 루즈벨트의 충격적인 성명발표 때문이었다고 한다. "우리는 신을 믿는다"는 말을 미국화폐 동전과 지폐에서 빼버릴 계획이라고 루즈벨트 대통령은 발표했다. 그 이유는 성스러운 이 말이 새겨진 돈이 거룩하지 못한 곳으로 흘러 들어가는 사정과 연유에서였단다. 말하자면 술집, 도박장, 사창가, 그리고 민주당과 군자금으로 말이다. 그러자 미국의 성직자들이 펄쩍 뛰며 들고 일어났다. 마크 트웨인의 말을 빌린다면 "아무런 통계숫자도 없이 만장일치로 결의문을 통과시켜 주장하기를 미국은 기독교 국가다"라고 우겨대는 바람에 저 구약성서 시편의 작자라고 일컬어지는 다윗왕 시대에 그랬듯이 "우리는 신을 믿는다"는 구두선(口頭禪)이 살아남게 되었다는 것이다. 이런 일이 마크 트웨인 같은 사람에게 얼마나 기가 차서 말을 못할 노릇이었을까. 차마 웃지도 울지도 못할 일이었을 것이다. 한 집단으로서 성직자들이 그들의 신분과 영향력으로 행사하고 발산하는 힘 아니 그 빛은 저 달빛만도 못한 것이라고 그는 믿었다. 그리고 정통파 기독교에서 전통적으로 생각하는 천국 하늘나라의 개념에 대해 그는 조소를 금치 못했다.

성교(性交)대신 하프나 타면서 쉬지 않고 끝없이 한없이 성가(性歌가 아닌 聖歌) 찬송가를 불러 찬미나 하고 있다는 것은 제 정신 가진 사람이면 누구나 견딜 수 없는 너무나 지루하고 재미없는 일일 테니까. 또 만일 진실로 미국이란 나라가 '기독교 국가'라고 한다면 '지옥도 그럴 것'이라고 그는 추론했다. "성경구절(마태복음 7:14) '문은 좁고 길이 협착하여 찾는 이가 적음'인 까닭에 어떤 세상에서도 지옥이야말로 실제로 유일하게 가장 눈에 띄는 기독교 집단사회라는 것을 성직자들이 잘 알 텐데 말이다. 미국사람들 가운데 적어도 여섯 사람 가운데 다섯은 좁은 문으로 들어가지 못할 줄 우리 모두 잘 알고 있지 않는가."라고 그는 말했다. 우리말에도 '마당 터진 데 솔뿌리 걱정한다.' 했던가.

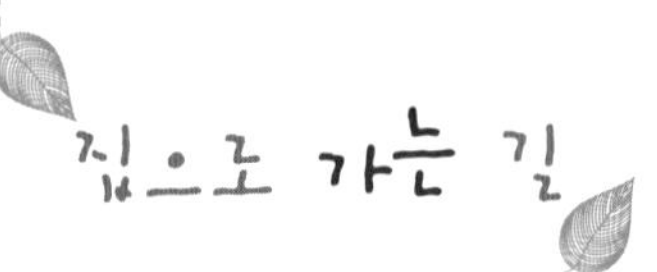

집으로 가는 길

2013년 연말 개봉된 방은진 감독의 '집으로 가는 길'은 프랑스 오를리 공항에서 마약 운반범으로 체포돼 대서양 외딴 섬 마르티니크 교도소에 갇혀 756일을 산 한국인 주부의 실화를 영화화했다는데 이 영화의 실제 주인공 '장미정' 씨의 자필 일기가 한 시간만에 조회수 1위를 기록하며 화제를 모았다고 한다.

"존경하는 영사님, 왜 저는 아직도 재판을 받을 수 없는 걸까요? 제발 재판 서류도, 통역도 구해주세요. 간절히 애원합니다." 이 영화에서 배우 전도연이 분장한 '정연'이 재판을 받을 수 있는 중요한 서류는 다른 문서들과 함께 사무실 구석에 처박혔고 '정연'의 재판은 한없이 미뤄진다. 그 시간 주 프랑스 한국대사관 측은 의원들을 접대하기 위해 최고급 레스토랑을 예약한다. 의사소통이 이뤄지지 않아 재판의 어려움을 겪는 '정연'이 통역을 요청하지만 이마저도 '국고낭비'라는 핑계로 일축 당한다. 대한민국의 국민이라는 것 자체가 고통일 뿐이다. 전도연은 생활고에 시달리며 고뇌하는 아줌마, 딸을 보고 싶어 하는 어머니, 국가에 버림받고 쓰러져가는 죄 없는 죄인의 모습을 온 몸으로 연기, 화장기 없는 얼굴, 목 늘어난 티셔츠에 푹 파인 눈, 후반부로 갈수록 기력을 잃고 말라가는 몸, 고국으로 돌아갈 수 있다는 희망을 점점 잃어가는 눈빛으로 관객을 압도하면서 이 영화는 왜 전도연이 대한민국 최고의 배우인가를 여실히 보여주고 있다.

지난 10여 년 간 뉴욕의 형사, 민사, 가정 및 고등법원에서 나는 법정통역관으로 일하면서 우리 재미동포가 언어의 장벽으로 부당하게 불이익 당하지 않도록 미력이나마 노력해온 사람으로 북한동포의 인권은 말할 것도 없고 소위 민주국가라는 대한민국 정부가 누구를 위해 존재하는가라는 강한 의문을 갖게 된다. 정부가 국민을 위한 것이 아니고 국민이 정부를 위해 존재하는가라는 생각을 하지 않을 수 없다. 인법지(人法地) 지법천(地法天) 천법도(天法道) 도법자연(道法自然)이라고 사람은 땅을 따르고 땅은 하늘을 따르며 하늘은 도를 따르되 도는 있는 그대로의 자연을 따른다는 말이 있다.

배우 전도연 씨가 1973년생이니 1971년생인 내 막내딸보다도 두 살 아래이지만 수많은 팬 중에서 둘째가라면 섭섭할 정도로 나는 열렬한 팬이 되었다. 〈내 마음의 풍금〉에서 그녀를 처음 본 순간부터. 〈우리들의 천국〉으로 데뷔, 1997년 〈접속〉으로 여주인공 맡으며 그 해 신인상 수상, 그 뒤 〈내 마음의 풍금〉, 〈인어공주〉, 〈너는 내 운명〉, 〈별을 쏘다〉, 〈프라하의 연인〉 등 여러 드라마, 영화에 출연, 대종상 영화제, 청룡영화상 등 다수의 국내 영화상 시상식에서 여우주연상을 휩쓸었고, 이창동 감독의 영화 〈밀양〉으로 2007년 제60회 칸 영화제에서 여우주연상을 수상, 세계적으로 연기력을 인정받았다. 특히 〈별을 쏘다〉는 볼 때마다 나는 매번 처음 보듯 큰 감동을 받는다. 이것이 모두 그녀가 그녀의 이름값을 하기 때문인 것 같다. 성명철학에는 문외한이지만 태생 전 '태교'를 믿는 사람으로 부모님이나 조부모님 또는 그 누가 작명을 해주시던 이 세상에 태어나면서 갖게 되는 '이름'이 태생 후 계속 이어지는 '태교'라고 믿고 싶어서이다. 어느 분이 '도연'이란 이름을 지어주셨는지 그분께 깊은 경의를 표하고 찬사를 드려야겠다. 또 '도연'이라고 작명하신 분이 어떤 한자(漢字)를 쓰셨는지 몰라도 극히 외람되나마 나보고 고르라면 길 도란 도(道)에다 그러할 연(然)자(字)를 쓰겠다. 위에 언급한 인법지 지법천 천법도 도법자연이다. 그러니 그녀의 성명 '전도연'이야말로 어떤 역을 맡아 연기 아니 실연하더라도 문자 그대로 전적(全的)으로 '전(全)', 도 닦는 '도(道)', 더할 수 없이 자연(自然)스러운 '연(然)'일 수밖에 없으리라. 언젠가 밝한샘 한글이름의 집 [아름나라] 대표가 멋진 한글이름을 가진 사람들을 선정, 상패를 전달했다는 짤막한 기사를 한국 신문에서 보았다. 수상자는 '김아름가라뫼', '배한빛나래', '송봄이누리', '박솔빛나라', '박온나래' 씨 등 18명이었다.

어느새 80을 바라보는 나이에 새로 애기아빠 될 가능성은 아주 희박하겠지만, (아지못게라, 어떤 알지 못하는 미지의 씨받이 선녀 선아라도 그 어느 땅끝에서 찾아오거나 구름타고 내려오거나 인어처럼 바다 한가운데서 떠오르기 전엔) 아들 없이 딸만 있어 앞으로 외손자나 외손녀 보게 될 때 혹 애기 이름 좀 지어 달라 한다면 나는 이렇게 작명해보리라. '나부터'나 '곧바로'라고. 매사에 나 하나쯤 빠진들 어떠랴며 꽁무니 빼지 말고 앞장서는 사람이 되라고. 내 일 남의 일, 좋고 궂은 일 가리지 말라고. 그리고 미루지 말고 할 일, 하고 싶은 일, 해야 할 일을 즉시 지금 당장 거짓 없이 사실대로 진실대로 가슴 뛰는 대로 숨 쉬듯 쉬지 않고, 사랑하며 사는 사람 되라고 빌고 바라는 뜻에서 말이다.

골찬당이 되어보자

처지를 바꾸어 생각함을 역지사지(易地思之)라 하고 또 사람의 처지를 바꿔 놓으면 그 처지에 동화되어서 하는 것이 같게 된다는 뜻으로 역지개연(易地皆然)이란 말이 있다. 이 극히 상식적이고 평범한 두 마디만 이해하고 마음 속 깊이 되새긴다면 우리 모두 철이 좀 들 수 있으리라. '철들자 망령'만 아니라면 말이다. 몇 해 전에 본 한 짤막한 기록영화가 잊혀지지 않는다. 영국통치 2백주년을 맞아 호주 원주민 단체가 만든 다큐멘터리로 그 제목은 〈바바키우에리아(Babakiueria)〉다. 영화가 시작되면서 현대 호주 백인 한 가족이 단란하게 바닷가에서 바비큐 불고기 파티를 즐기고 있다. 그런데 느닷없이 국방색 카키 군복을 입은 원주민들이 배를 타고 등장한다. '신대륙'을 발견해 신기해하는 눈으로. 오만방자하게 거들먹거리는 우두머리가 하선하면서 천천히 묻는다. "이-곳-을-너-희-들-은-뭐-라-부-르-느-냐?" 놀라면서도 순진하게 반기는 기색으로 백인가족의 가장이 대답한다. "뭐라니요? 바비큐 하는 곳이지요." 그러자 원주민 두목이 "괜찮은 토착명이군" 중얼대고는 그의 부하들에게 고개를 끄덕이며 큰 소리로 외친다. "나 이곳을 Babakiueria라 이름 지어 부르겠노라!" 그리고는 깃발을 꽂는다.

이 영화의 나머지 부분에선 원주민 정복자들의 의도는 좋으나 잘못된 인식으로 집행 실시되는 정책 때문에 점점 더 절망적인 상태로 전락하는 백인가족을 추적한다. 정복자들은 재향군인의 날 시가행진을 금한다. 전쟁을 미화하고 칭송하는 만행이라며. 백인문제 담당 부서 장관인 한 원주민은 우월감을 갖고 자못 은혜를 베푸는 듯한 태도로 생색내듯 미소를 띠고 백인들의 의식화된 축구, 폭도들의 난동장면을 생생하게 보여준다. 백인들의 야만성을 입증하는 증거로. 백인들의 거센 항의 따위는 아랑곳없이 모든 고속도로를 다 파헤쳐 그 자리에 푸른 초원과 나무가 무성한 숲을 일군다. 그리고 백인들에게 원주민 문화를 소개하고 가르친다. 그들을 강제로 이주시키고 대가족제도를 해체, 분산시켜 척박한 불모지로 내몰아버리면서 '우리에게도 이런 기회가 있었으면 좋았을 걸' 마치 백인들의 처지를 부러워하듯 그는 한숨짓는다. 영화는 유리 깨지는 소리로 끝난다. 백인가족의 10대 아들이 극에 달한 분노와 절망감에서 돌을 던진다. 자신의 가족과 백인들의 생활방식에 갑자기 일어난 엄청난 변화에 대한 항의로. 교육받지 못해 아무런 자원도 없이 그는 한 평생 범죄와 알코올에 찌든 빈곤의 삶을 살 수밖에 없는 저주받은 운명을 타고 났을 뿐이다.

이처럼 〈바바키우에리아〉는 주객이 전도된 역사적인 현실을 묘사하고 있다. 백인식민제국주의의 결과와 그 비극적인 결말을. 다른 사람들의 동의도, 참여도, 그들에 대한 문화적인 이해도 없이 그들을 계몽하고 개명시켜 그들의 운명을 개선한다는 명분으로 초래한 미증유의 대참사와 이를 촉발시킨 독선과 위선을 고발한다. 이렇게 이 영화는 하나의 객관적인 교훈을 주고 있다. 단지 호주에만 국한해서가 아니고 전 세계적으로 말이다. "희극은 나 아닌 다른 사람들에게 일어나는 비극"이고 "세상에 삶과 죽음 그 밖에는 아무 것도 죽고 사는 사활의 문제가 아님을 우리는 알고 있다." 영국작가 앤절라 카터의 〈슬기로운 아이들〉에서 이 작품의 화자인 도라 챈스는 격언처럼 말한다. 그 한 예로 권투경기를 들 수 있을 것 같다. 권투선수에게는 사생관두(死生關頭)의 죽음과 삶이 달린 위태한 고비가 관객에게는 흥미진진한 구경거리가 되니 말이다. 그래서인지는 몰라도 지금은 파킨슨병마와 싸우고 있지만 20세기 최고의 복서로 불리는 복싱황제 무하마드 알리는 권투경기장 사각의 링 위에서 상대방 선수와 싸웠다기 보다 세상이란 링에서 인간사회에 만연한 위선과 독선이란 색안경을 낀 관객들을 상대로 맞서서 싸워온 것만 같다.

12살 때 복싱에 입문하여 18세에 올림픽 금메달을 획득, 곧 이어 프로로 전향, 1964년 당시 세계 챔피언이던 소니 리스톤을 7회 K.O. 승으로 물리치고 세계정상에 올랐으나 그 뒤 1967년 월남전 참전거부로 챔피언 타이틀을 박탈당했다가 1970년 또 다시 링으로 돌아와 1974년 조지 포먼을 꺾고 세계 챔피언 벨트를 되찾아 그 후로 은퇴, 복귀를 되풀이하다가 1981년 61전 56승(37KO)

5패를 기록하고 링을 아주 떠난 '떠벌이' 알리는 링 안에서보다 링 밖에서 그의 활약이 더 컸고 사람들의 주목을 끌어왔다.

"오늘날 우리 세계에는 두 백색 악한이 있다. 하나는 소련의 백색 악한이고 또 하나는 미국의 백색 악한이다. 이들은 인류 역사상 최악의 악한들이다. 이 둘이 싸우기 시작하면 우리 작은 유색 인종들은 고래싸움에 새우 등 터지는 격이 된다."

이것은 1980년 초 전 미국대통령 카터의 특별외교사절로 아프리카에 도착한 알리의 발언이다. 그의 유명한 '나비처럼 날면서 벌같이 쏘는' 스타일로 그는 세계의 두 거인을 링 코너로 한데 몰아넣고 보기 좋게 더블 잽을 먹였다. 두 백색 골리앗 중 어느 쪽이 이 쪼그만 깜둥이 소년의 고무줄 새총이 아닌 입줄 말펀치를 맞고 꿈적이나 했을까. 모르긴 해도 그를 수행했던 미 국무성 관리들은 아연실색했을 것이다. 미국이 주동한 모스코바 올림픽 보이콧에 아프리카의 여러 나라들로부터 동조를 얻으라고 파견된 알리가 아프리카에 도착해서 가진 기자회견을 통해 개구일성(開口一聲) 말하기를 "잘못된 일을 위해 내가 잘못 이용되고 있는 것 같다"고 했다. 뉴질랜드와 남아프리카공화국의 스포츠 교류에 항의하는 뜻에서 아프리카의 여러 나라가 1976년 캐나다 몬트리올 올림픽을 보이콧했을 때 동조하지 않았던 미국인데 이번에는 미국이 보이콧하는 올림픽에 왜 아프리카 여러 나라가 불참해야겠느냐는 기자들 질문에 알리는 이렇게 대답했다.

"당신들이 좋은 질문 해줘서 정말 고맙다. 당신들이 날 깨우쳐

주었다. 같은 내 형제 유색인종에게 난 배신자가 될 수 없다. 잘못인 줄 안 이상 난 당장 이 여행을 중단하고 미국으로 돌아가 카터 대통령에게 따져봐야겠다. 아직도 인종차별정책을 공공연히 실시하고 있는 남아프리카공화국과 어째서 미국이 계속 경제적 및 기타 교류를 하고 있는가를." '나비같이 떠서 벌처럼 쏜다'는 말 말고도 "난 약(藥)이 다 병나도록 지독하다"는 그의 말 한두 마디로 세상 어떤 장수의 '넋'도 빼 '넉-아웃(KNOCK-OUT)' 시킬 수 있으리라. "난 네가(다른 사람이) 원하는 사람이 될 필요 없다.(I don't have to be what you want me to be.)"라고 그의 부모와 많은 사람들의 반대를 무릅쓰고 이슬람교로 개종하면서 알리가 한 말대로 우리도 한반도라는 링에서 같은 민족끼리 '골빈당'처럼 치고받는 일이 없어야겠고 우리 모두 각자가 자기가 원하는 사람 '골찬당'이 되어보자.

와일드카드(wildcard)

'사마리아'로 2004년 세계 3대 영화제 가운데 하나인 베를린 영화제에서 감독상을 수상한 김기덕 감독은 '위안부 누드' 파문을 일으켰던 이승연을 주연으로 내세운 '빈 집'으로 같은 해 또 하나의 영화제인 베니스 영화제에서도 감독상을 받았다. 영화 '빈 집'은 빈 집에 갇힌 선화(이승연)와 빈 집을 여는 남자 태석(재희)의 사랑을 통해 인간의 기다림과 고독을 다룬 작품이다. 여기서 우리 모두 '빈 집'에 대해 생각해보자. 세계를 집으로 삼는 나그네 '코스모폴리탄(세계주의자)' 아니 '코스미안(우주인)' 입장에서 말이다. 14년 전(2000년) 당시 31세의 미국인 '제프리'라는 사람은 직장을 그만두고 재산을 다 처분해 사람들에게 나눠주고 여행을 떠났다. 노스캐롤라이나 주 애쉬빌에서부터 그야말로 '방랑 김삿갓' 같이 떠도는 도보 여행길에 오른 것이다. 삶과 사랑과 자유의 의미를 찾아보는 일 외에는 그 어떤 행선지도 다른 목적도 없이 떠난 것이다. 금전만능의 자본주의 물질문명에 환멸을 느낀 그는 무엇을 소유한다는 것이 되레 소유물에 소유 당한다는 사실을 깨닫고 '자유인'으로서 '무소유'의 삶을 살아보고 싶었던 것이다. 그러면서도 그가 가장 포기하기 힘들었던 것은 의료보험이었다. 미국 각 지역과 멕시코, 하와이, 동남아 등지로 '무전여행'을 하면서 그는 놀라운 사실을 발견하게 된다. 마치 야생의 들짐승이나 날짐승처럼 '무엇을 먹고 입을까' 걱정할 것도 없이, 배고프면 먹을 것이 나타나고, 쉬고 싶을 땐 잠잘 곳이 생기더란 것이다. 뿐만 아니라 의료보험이 있을 땐 자주 아팠었는데 자구력, 자생력이 생겼는지 약을 먹을 일도, 의사를 찾을 일도 없이, 몸이 건강해졌다고 한다. 이렇게 그 누구에게도 결코 소유될 수 없는 지구라는 행성에 잠시 머물다 가는 인생이라면 이런 빈 집에서 어떻게 살아야 할까? 우리 비록 생업에 종사하면서도 각종 소유욕과 애착심을 끊어볼 수도 있지 않을까. 천지간에 한 번 떠올린 생각은 영원히 없어지지 않는다고 한다. 게다가 '생각이 말이라는 씨'로 공중에 뿌려지면 땅에 심어져 뿌리를 내리고 때가 되면 그 열매를 맺게 되는 자연의 섭리와 이치를 가리켜 우리말에 '말이 씨가 된다'고 하는가 보다.

지난 70년대 내가 영국에 살 때 그 당시 영국 국영방송 BBC 라디오에서 매주 'Desert Island(열대지방의 무인고도)'란 음악 프로그램이 있었는데 한번은 우리나라의 세계적인 바이올리니스트 정경화 씨가 초대손님으로 나와 진행자의 물음에 대답한 적이 있다. 그때만 해도 CD 가 등장하기 전이라 단 몇 개의 레코드판만 갖고 갈 수 있는데, 누구의 곡을, 누가 연주한 것을 그 무인고도에 갖고 가겠느냐는 질문과 더불어 그 이외에 단 한 가지 더 갖고 갈 수 있다면 뭘 선택하겠느냐는 또 다른 물음에 정경화 씨의 더할 수 없이 훌륭하고 멋진 답변이 있었다. 그 당시 나는 무릎을 치면서 감탄의 탄성을 발했었다. 그 대답은 '꽃씨 한 주머니'를 갖고 가겠다는 것이었다. 미국의 시인 게리 스나이더는 〈자연환경과 인류문명에 관한 에세이집〉에 실린 한 편의 글에서 다음과 같이 말하고 있다.

"우리의 몸은 자연 그대로이다. 누가 갑자기 별안간 소리라도 지르면 저도 모르게 우리는 고개를 돌린다. 높은 절벽에 서서 밑을 내려다보노라면 현기증이 나서 어지럽다. 뒤로 물러서도록. 그리고 위험에라도 부닥치면 간이 콩알 만해진다. 그 이외에도 숨을 죽인다든가 조용히 숨을 쉰다든가 하는 작용은 보편적인 포유동물들의 신체적인 반응이다. 신체는 어떤 의식적인 지성(知性)의 중재와 조종을 필요로 하지 않는다. 폐장이 호흡을 하기 위해 쉬지 않고 신축하는 숨 쉬는 일이나 심장 뛰는 것이 대체로 자동 조절되는 그 자체의 삶이다. 머릿속으로는 '나'라고 하는 '네가' 놓치지 않고 다 셀 수 없는 수많은 생각들, 기억들, 상상들, 환상들, 분노, 기쁨, 슬픔 등 온갖 상념들이 시도 때도 없이 거침없이 떠오른다. 우리가 의식적으로 우리의 '회의사항'을 짜내는 자아는 우리 신체라는 세계의 아주 작은 영역을 차지할 뿐이다. 그 광대무변의 소우주 출입구 문간방 구멍으로 무엇이 들어오고 나가는지 살피면서. 그리고 때로는 음모까지 꾸미면서. 신체, 몸은 말하자면 머리, 정신 아니 마음속에 있다. 자연 그대로 야생적이다."
아, 그래서 절체절명의 위급상황을 위한 비장의 무기를 뜻하는 '만능패'를 영어로 '와일드카드(will card)'라 하는 것이리라.

사랑은 불꽃처럼

청소년 시절 〈리더스 다이제스트〉를 보다가 '내가 만난 가장 잊을 수 없는 사람'이란 글 서두에 인용된 다음과 같은 시구(詩句)에 그것 참 가능하고도 남아 한참 거슬러 주고도 많이 남을 일이라고 가슴을 치면서 깊이 공감했었다. 그 어느 누구를 이렇게 죽도록 사랑해 볼 수 있는 것 이상의 행복이 세상에 또 있으랴 하면서.

사랑스럽고 상냥한 여인이 있지
이처럼 내 맘에 드는 얼굴을 본 적이 없어
나는 이 여인이 지나치는 모습만 봤을 뿐이지만
내 목숨 다하는 날까지
이 여인을 난 사랑할 거야.

– 영국시인 바네입 구지(1540–1594)

그때 그 순간 애간장을 저미도록 간절한 나의 소원은 내 인생 사는 동안 그런 여인을 단 한 사람만이라도 만날 수 있었으면 하는 것이었다. 그것이 어디 나쁜이었으랴. 언젠가 비디오로 본 우리나라 토크 쇼 '세상사는 이야기'에 나온 34세의 한 '노총각'이 소년 시절부터 7년 동안 짝사랑한 아가씨에게 바치는 다음과 같은 독백은 우리 모두를 대변하는 것 같다.

> 세상에 당신을 사랑하는 남자가 백이 있다면
> 나는 그 가운데 하나일 것입니다.
> 세상에 당신을 사랑하는 남자가 하나 있다면
> 내가 바로 그 남자 일 것입니다.
> 세상에 당신을 사랑하는 남자가 하나도 없다면
> 그것은 이 세상에 내가 없기 때문 일 것입니다.

그 아가씨를 너무 너무 간절히 사모하다 못해 그는 어느 날 동네 시냇가에서 돌 하나를 차면서 '이 돌이 시냇물에 떨어지면 그 아가씨가 날 좋아하지 않는 것이고 그 돌이 냇물 건너편에 떨어지면 그 아가씨가 날 좋아하는 것이리라' 이렇게 생각하고 힘껏 그가 그 돌을 찼을 때 돌이 건너편 냇가 둑에 맞아 부서지더라고. 그야말로 김소월의 시 '초혼(招魂)'에서와 같이 "산산이 부서진 이름이여 부르다가 내가 죽을 이름이여……." 아니었을까. 또 지난 60년대 미국의 인기가요 '몰래 하는 사랑(Secret Love)'의 노랫말처럼 "가슴이 터지도록 마음속으로 짝사랑하다 더 이상 참을 수 없어 산꼭대기에 올라가 별에게라도 말하지 않을 수 없었으리라. 또 그 언젠가 내가 어렸을 때 읽은 동화가 있다. 벌 한 마리가 나비를 짝사랑하다 어느 날 그 나비가 자기는 거들떠보지 않고 아름다운 꽃들만 찾아다니는 것을 보고 너무도 가슴 아파 몸부림치며 하늘로 치솟아 그의 그리움에 찬 숨이 얼어 달무리가 됐다는 너무도 애처롭고 안타까운 얘기였다.

그런데 이렇게 짝사랑하며 살다 보니 그런 여인을 하나만 아니고 수도 없이 많이 만나게 되는 것 같다. 날이면 날마다 시시각각으로, 감지 않고 눈을 뜨고 있는 한. 길을 가다 만나기도 하고 영화나 TV 화면을 통해 만나기도 하고 책 속에서 만나기도 하고 아니면 꿈속에서도 만나게 된다. 어린 아이라도 되고 그 아이 엄마 또는 그 누구의 부인이라도 괜찮고 그 아무라도 다 좋다 할 수 있지 않을까. 다만 아무리 좋아하고 사랑해도 부족하고 더할 수 없어 한없이 슬플 뿐이다. 독일 작가 헤르만 헷세가 말했듯이 '아름다움은 순간적인 찰나'라면, 다시 말해 불꽃놀이 불꽃처럼 터져 피어오르는 순간 사라지는 것이라면, 꽃도 이슬도, 젊음도 목숨도, 인생 자체도 세상 모든 것이 그렇지 않으랴. 그럴진대 결코 반복되지 않고 늘 변하고 있는 모든 것의 모든 모습에서 영원토록 기억하고 남을, 스냅사진 찍듯 순간순간 새롭고 다른 아름다움을 보면서 애간장이 타고 녹도록 애달픈 사랑을 해 보리라.

모든 순간적인 풍경과 장면에서
모든 순간적인 표정과 모습에서
모든 순간적이 생명이 피어나는
모든 순간적인 사랑이 타오르는

모든 순간적인 불꽃놀이 불꽃의
모든 순간적인 모든 아름다움을
하나도 놓치지 않고 사랑하면서
순간순간 철저하게 끝내 주리라.

짝짜꿍 어지자지

자웅(雌雄)의 생식기를 겸해 가진 사람이나 동물을 가리켜 우리말로 어지자지라 한다. 그래서였을까 내가 어렸을 때 하던 어린이 놀이 가운데 두발로 번갈아 차는 제기를 어지자지라 불렀다. 우리말 사전에 보면 자웅도태(雌雄淘汰)란 말이 있는데 동물이 제 짝을 얻기 위해 서로 경쟁하는 데서 생기는 자연도태를 뜻하고, 짐승 곤충 등 수컷의 빛깔과 소리가 아름답고 뿔 촉각이 발달된 것은 이 결과라고 한다. 몇 년 전 프랑스에서 한 권의 책이 선풍적인 인기를 끌었었다. 남녀에 관한 서적으로 그 제목도 그럴 듯하게 〈남자와 여자(Les Hommes et les Femmes)이다. 장관직을 지낸 언론인 프랑솨즈 지루와 철학자며 극작가인 베르나르 앙리 레비 두 사람이 섹스, 질투, 여권주의 페니니즘, 정절과 결혼에 관해 두서없이 나누는 이야기 만담집이다. 출간 된 지 일 주일도 못 돼 8만부 이상이 팔려 베스트셀러 1위를 차지하고 각종 잡지와 TV 프로에서 크게 다루어졌던 책이다. 한번 결혼했다 1950년대에 이혼한 지루여사는 "정절을 지키기에 한 평생은 너무 길다"면서 한 쌍의 부부나 연인 사이에 식지 않는 애정에 따라서 서로에게 정절을 지킬 수 있는 기간이란 고작 길어봤자 15년이 그 한계일 것이라고 주장한다.

그러나 결혼에 두 번 실패한 앙리 레비 씨는 한 평생 못갈 이유 없다고 반론을 제기한다. 남녀 사이에 육욕을 떠난 정신적인 사랑만으로 연애가 가능하다고 그 당시 76세의 지루 여사는 믿었는데 당시 44세의 앙리 레비 씨는 그런 '플라토닉한 사랑'이란 웃기는 말이란다. "사랑은 결코 플라토닉한 것이 아니다. 한 여인을 간절히 원하는 격렬한 욕망 없이 그 여인을 사랑할 수 없다. 남녀 간의 애정이 아닌 우정이란 있을 수 없고 이 두 가지가 애매모호하게나마 혼합되어있지 않은 관계란 아무 짝에도 쓸 데 없는 무용지물"이라고. 참으로 정열적인 사랑은 한 평생 동안 두 번 아니면 많아야 세 번까지 가능하리라고 그녀는 말한다. 천만의 말씀, 열두 번이라도 가능하다고 그는 대꾸한다. 이 밖에도 성적인 매력에 대해서 두 사람의 견해가 전혀 다르다. 예를 들어 장 폴 사르트르 같이 지적(知的)으로는 한없이 매력적이라 해도 그처럼 못생긴 남자는 사랑할 수 있기는커녕 쳐다보기만 해도 몸서리 쳐지도록 싫다고 그녀는 고백한다. 이와는 대조적으로 천하의 추녀한테서도 매력을 느낄 수 있노라고 그는 실토한다.

사람이나 물건을 볼 줄 아는 감식가(鑑識家)라면 누구나 다 잘 알고 있듯이 욕망이란 묘하고 이상야릇한 것이라서 그 어떤 음성, 실루엣 그림자, 성씨(姓氏), 이름, 미소, 이미지 상, 모습 꼴, 말씨, 심지어 천박비속한 쌍스러움까지도 더할 수 없이 자극적으로 감동적일 수 있다는 것이다. 이렇게 사사건건 이견을 나타내는 두 사람도 한 가지에 관해서 만큼은 동감이다. “우리 사회와 문학에 있어 사랑은 유일하게 독자적인 자리를 차지하고 있으며 불완전한 대로 남녀관계는 이 세상에서 최선의 것이다”라고 말이다. 몇 년 전 미국의 광고잡지, 대학신문, 뉴욕타임스지 등에 아주 색다른 광고가 났었다. 미국굴지의 광고대행업체인 J월터 톰슨 북미주사에서 창의성 있는 인재를 찾는 광고 문안으로 8개 시험문제를 내놓은 것이었다. 그 가운데 하나인 7번 문제가 흥미로웠다.

문제 #7: 과거 수백 수천 년을 두고 ‘하트(HEART)’는 사랑을 상징해 왔다. 그러나 사랑이 변질된 오늘 날, 이 변질된 사랑의 새 상징이 필요하니 고안 제시해 보시오.

이 한 문제에 대해서만 응답 응시할 수 있다면 나는 다음과 같은 답안을 작성해보겠노라고 혼자 생각했었다. 일체 만물은 음양이기(二氣)에 의해 생장(生長) 소멸(消滅)하고, 오행 중 목, 화는 양에, 금, 수는 음에, 토는 그 중간에 있어 이것들의 소장(消長)으로 천지의 변이, 재복, 길흉이 얽힌다는 동양의 음양오행설(陰陽五行說) 아니더라도 우리 주위를 둘러보면 모두가 산과 계곡, 요철(凹凸) 오목함과 볼록함으로 이루어져있지 않은가. 속된 말로 자지는 보지를 위해, 보지는 자지를 위해 있지 않은가. 어지자지가 아니라면 말이다. 어디 그 뿐인가. 생리적으로도 중년 이후에는 남자 몸에는 여성 호르몬이 늘어나고 여자 몸에는 남성 호르몬이 늘어나 음양쌍보(陰陽雙輔) 한다지 않나. 남녀가 서로 뜻이 잘 맞는다는 음양

배합(陰陽配合)이든 음과 양이 서로 합하지 않는다는 음양상박(陰陽相薄)이든 '나' 자신만의 행복을 추구하는 이기적이고 편파적인 세태와 사고방식에서 벗어나 '너'를 위하고 '우리' 모두를 살리는 평화스럽고 조화로운 세상을 만들기 위해 티끌 한 점 없는, 깨끗하고 순수한 사랑 '소녀의 순정'을 간직한 '코스모스'를 사랑의 새로운 상징으로 모든 사람의 가슴속에 심어주고 싶다.

이 '코스모스'의 맑음과 청초함과 순결함을 통해 암흑과 혼돈, 전쟁과 분단, 분열과 파탄의 카오스를 탈피하여 온 세상천지를 우리 모두 잘 살 수 있는 코스모스 동산으로 만든다면 우리 모두 서로 사랑하는 가슴 '사슴'이 되어 노루같이 뛰어 놀 수 있을 것이다.

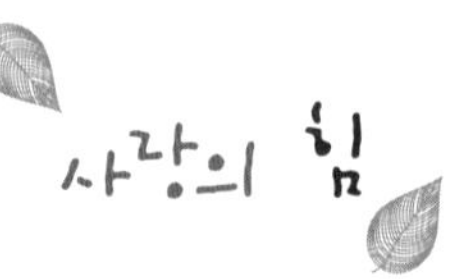

사랑의 힘

"만일 3각형에게 신(神)이 있다면 그 신은 3면(面)일 것"이라고 했다는 프랑스의 사상가 몽떼스뀨의 말같이 신이란 암시적이고 알 수 없는 존재라면 정말 그 누가 알랴. 실로 그럴진대 짧다면 눈 깜짝할 사이만큼이나 짧은 인생을 사는 동안 고통보다는 즐거움을, 추하고 흉한 것보다는 아름다움을 추구하는 것이 너무도 당연하고 자연스러운 일일 것이다. 그런데도 흔히 세상 사람들은 쾌락을 좇는 자를 멸시한다. 비도덕적인 자애주의자라고. 하지만 쾌락을 유일한 선(善), 또는 인생의 목적으로 하여 쾌(快)를 추구하고 고(苦)를 피함을 행동의 원리로 하는 윤리설인 쾌락설의 창설자 에피큐러스 희랍 철인은 그 어떤 다른 성인군자나 도인(道人) 도사(道師)보다 훨씬 더 일찍 철들고 깨달을 각(覺)을 한, 그 누구보다 도통한 사람 아니었을까. 그는 고통의 부재(不在) 또는 마음의 평화를 최대 최고의 선으로 중요시했다. 그 옛날 그 당시에도 전통적인 도덕군자들은 천박비속하며 야비한 '쾌락추구자'라고 그에게 침을 뱉었지만 그의 삶은 욕심 부리지 않고 성내지 않는 극히 절제된 것이었다고 한다. 그 후로 서양에서는 그의 이름을 따 쾌락주의자 향락주의자 또는 미식가 식도락가를 에피큐어(epicure)라 부른다.

얼마 전 "자기 자신에게 즐거운 일을 하며 쾌락을 좇는 것이 장수의 비결"이라는 의학적인 연구 결과가 발표되었다. 미국 건강 예방의학의 권위자인 데이빗 에스 소벨 박사는 그의 저서 〈건강한 쾌락〉을 통해 쾌락이 장수는 물론 행복의 비결이란 사실을 발표했다. 그는 "제 구미에 맞는 맛있는 음식을 먹고 Sex를 즐기며 자신의 일과 가정생활을 기쁘게 하는 것이 오래 사는 그것도 건강하게 잘 사는 방법과 길이 된다."는 의학적인 근거를 제시했다. 인간생리현상에 있어 '쾌락의 원칙'에 따라 유지되는 인체 내 건강체제가 있다며 그는 다음과 같은 연구결과를 공개했다. 건강한 성생활은 모든 질병을 예방한다. 섹스는 음식, 공기 그리고 수면처럼 불가결한 삶의 요소로서 건강유지에 절대적으로 필요한 아주 중요한 역할을 한다. 우리의 기분을 부정적이고 비관적인 저기압에서 긍정적이고 낙관적인 고기압으로 상승시킴으로써 우리는 각종 질병에 대한 저항력을 키우고 강화시킬 수 있다. 예를 들어 재미있는 코미디 영화를 본 사람은 일시적으로 증강된 면역성을 나타내고 이 효과는 얼마 있다 없어진다. 이것은 우리가 자주 웃을수록 건강에 좋다는 뜻이다. 불쾌한 일은 잊을수록 좋고 기억할수록 나쁘다는 말이다. 특히 악의에 차 있거나 이해성이 부족하고 참을성이 없으며 이기주의적인 사람은 심장마비 가능성의 확률이 높고 심장마비를 일으켰을 경우 회복이 어렵단다.

체중을 줄이는데 있어서도 쾌락을 좇아야 한다. 왜냐하면 맛이 없거나 극히 제한된 메뉴의 다이어트는 실패율이 높기 때문이라고. 따라서 다이어트 음식은 우선 맛이 있되 칼로리 열량이 적은 것이 좋고 숙면을 위해서는 가벼운 스낵이 좋은데 그 까닭은 수면제 역할을 한다는 것이다. 그리고 산책같이 힘들지 않고 가벼운 운동은 기분을 상쾌하게 해 주고 자신감과 행복감을 갖게 해 준다고. 진실로 그럴진대 너 나 할 것 없이 우리 모두 각자 제 각기 제 몸부터 존중하고 사랑해야 하리라. 눈에 보이지 않는 신(神)을 섬기기 전에 당장 눈에 보이는 사람부터. 또 이웃 사랑하기 전에 저마다 제 자신부터, 내세의 행복을 꿈꾸기 전에 현세의 삶부터 즐겨 만끽할 일이다. 몇 년 전 외신에서 본 다음과 같은 실화가 있다. 난파한 동료 선원 다섯이 차례로 얼음같이 찬 바닷물에 시달리다 죽는 것을 목격하면서도 끝내 살아남은 유일한 생존자의 체험담은 사랑의 힘이 얼마나 뜨겁고 큰가를 말해 주는 것 같다.

무섭게 폭풍이 휘몰아치던 영국해협에서 배가 파선되자 이 배를 타고 있던 선원 6명이 온 몸을 얼어붙게 하는 바닷물 속에 빠져 허우적거렸다. 이들 중에 유일한 생존자가 된 어부 조지 구아도 씨는 파도에 떠있는 부서진 배의 판자 쪽 하나를 발견하고 동료선원들도 이 판자 쪽에 매달리게 했다. 그러나 한 겨울 바다에서 추위와 굶주림과 피로를 이기지 못한 동료 선원들이 하나 둘 차례로 숨지는 것을 그는 눈 뜨고 지켜 볼 수밖에 없었다. 슬픔과 절망에서 비명만 지르며. 이렇게 무정하고 잔인한 파도에 목숨을 걸고 처절한 몸부림을 하기 23시간, 집요불굴의 강인한 그의 의지도 마치 마지막 실오라기 끊어지듯 풀어지면서 아무도 모를 이 비극의 비정한 마지막을 바다 속 물 무덤에 묻으려는 찰나 사랑하는 그의 처 지젤의 환상이 눈앞에 떠올랐다.

"마침 보름달이 떠 교교한 달빛에 망망한 바다위로 큰 접시에 김이 무럭무럭 나는 큼직한 구운 닭을 들고 내 처가 내게로 다가오는 것이 똑똑히 보이더군요. 물론 내가 상상하는 것이었겠지만 이 환상이 내게 새로운 용기와 힘을 주어 내가 절대로 죽기를 거부한 것이지요."

이 생생한 인간과 자연과 사랑이 뒤얽힌 드라마는 그가 타고 있던 어선 나탈리 제롬호가 고기잡이하다 프랑스 북서쪽에 있는 성(聖) 말로항(港)으로 돌아가는 길에 이 영국해협의 악명 높은 산더미 같은 파도에 휩싸이면서부터 시작된다. "기상이 험악했습니다. 시꺼먼 하늘에선 억수같이 비가 쏟아지고 폭풍이 불어 큰 파도가 미친 듯 일고 있었습니다."라고 구아도 씨는 회상한다. "우리 모두가 바닷물 속으로 내동댕이쳐졌을 때 나는 엉겁결에 신고 있던 장화를 벗어버렸고 입고 있던 노란 색의 비옷은 거추장스러운 대로 그대로 입고 있었는데 아마 이 비옷이 추위로부터 내 몸을 다소 보호해줬나 봐요. 동료선원들은 다 작업복차림이었는데요." 그는 계속해 말한다. "천만 다행히도 길이 4피트 넓이 한 피트 반 정도의 나무판자 쪽이 물위에 떠 있는 것이 눈에 띄더군요. 얼른 나는 그 나무판자 쪽을 잡아 동료선원들도 이 나무 조각에 매달리게 했습니다. 모두들 기침을 몹시 하며 부들부들 떨고 있기에 이들에게 사정사정 했습니다. 손발을 계속 움직이고 몸을 흔들면서 노래 부르자고요. 그러지 않으면 우리 다 곧 얼어 죽을 것을 알고 있었기 때문입니다. 이렇게 두어 시간쯤 지났을 때 자기 걱정보다 제 개가 익사했을까봐 걱정을 하고 있던 내 친구 이본이 나를 향해 힘없는 목소리로 중얼거리더군요. 자기 대신 자기 처에게 마지막 키스 해달라고요. 그리고 나선 바닷물 속으로 미끄러지듯 사라졌습니다. 이 광경이 찬 바닷물보다 더 무섭고 아프게 내 몸과 마음을 얼어붙게 하더군요." 이렇게 그의 동료선원들이 모두 차례로 하나씩 숨지는 것을 그는 지켜봐야 했다.

"두 번째로 간 것이 선장이었고 다음 날 저녁 6시경 세 번째 그리고 한 시간쯤 있다가 네 번째 동료가 삶을 포기하고 말았습니다. 그날 밤 10시경 마지막으로 죽은 동료는 18세의 이브즈였지요. 동료들을 다 잃고 혼자 남은 나는 판자 쪽 위로 기어올라 벌렁 누운 채 밤새도록 바람 부는 대로 물결치는 대로 몸을 맡겼습니다. 그 다음 날 아침 11시 15분에 헬리콥터가 날 발견하고 구조사다리를 내려 주었을 때는 내 손과 발이 추위에 완전히 마비된 상태라 이 구조사다리를 잡을 수 조차 없어 한 참 동안 헬리콥터가 내 주위를 돌면서 내가 기운을 좀 차려 손가락을 움직일 수 있을 때까지 기다려야 했습니다."

102세 어린이

'버릇없이 어른한테 어디다 건방지게 말대꾸냐' 이런 호통을 어려서 맞거나 커서 놓지 않은 사람 별로 없을 것 같다. 그러나 현대 아동심리학자들은 어린 아이가 말대꾸하는 것이 부모나 선생님에 대한 존경심이 없다고 속단하지 말란다. 오히려 말대꾸 못하는 아이가 정상적인 성장 발달을 못해 문제아가 될 우려가 있다고 한다. 자라면서 오만 가지 편견과 선입견 및 화석화된 고정관념의 눈가리개와 색안경이 우리에게 씌워지기 전 우리 모두 그랬듯이 어린 아이는 세상 사물을 있는 그대로 본다. 덴마크의 동화작가 안데르센의 〈황제의 새 옷〉에 나오는 어린애같이 말이다. 8.15 해방 직후 내가 만으로 여덟 살 때 열다섯 살이나 위인 큰형님을 따라 난생 처음으로 연극 구경을 갔었다. '애국자'로 자처하는 '민족반역자'가 진짜 애국자들을 희생시켜 자기 일신의 부귀영화를 도모하는 얘기였던 것 같다. 연극이 클라이맥스로 끝나갈 무렵 이 가짜 애국자가 진짜 애국자들을 '민족반역자'로 몰아 총살하려는 순간 나는 자리에서 총알처럼 일어나 있는 목청껏 외쳤다.

"야, 이 놈 바로 네가 악한 배신자 스파이다."

극장 안의 관객들로부터 폭소가 터졌다. 그 어린 나이에 어디서 '배신자'니 '스파이'니 하는 말을 배워 썼는지 모르겠다. 어느새 어른이 되고 할아버지가 된 나이에 지난날들을 뒤돌아보니 아무런 거리낌 없이, 꾸밈없이, 겁 없이 마음대로 뛰놀던 그 어린 시절이 그립기 한량없다. 옛날이야기에 나오는 임금님의 이발사가 말 못해 미쳐 죽지 않기 위해 나무 구멍에다 대고 '임금님 귀는 당나귀 귀'라고 속삭인 다음에야 죽을병에서 살아났듯이 나도 내가 하고 싶은 소리를 나 자신의 정신건강을 위해 나무로 된 종이에다 글로 써보는 것이다. '눈 뜬 장님'이 되지 않도록 스스로에게 다짐하는 뜻에서다. 하루는 저 유명한 귀머거리 장님이었던 헬렌 켈러가 어떤 한 친구와 숲 속으로 산책하는 동안 눈에 별로 특별히 띄는 것이 없더라고 친구가 말하자(물론 장님 친구를 배려해서 한 말이었겠지만) 켈러 여사는 다음과 같이 말했다고 한다. 어떻게 그럴 수 있을까? 한 시간 동안이나 숲 속으로 거닐면서 본 것이 별로 없다니. 앞 못 보는 나도 수많은 것을 발견하는데. 정묘 절묘하게 균형 잡힌 나뭇잎의 조화, 자작나무의 매끄러운 감촉, 소나무의 거친 껍질 등등. 눈 먼 내가 눈 뜬 사람들에게 이렇게 말하고 싶다.

내일이면 당신도 귀머거리 된다 생각하고 오케스트라가 연주하는 음악선율, 사람이 부르는 노랫소리, 지저귀는 새소리를 한껏 들으라고. 내일이면 당신의 촉각이 없어진다 생각하고 모든 것을 만져보라고. 내일이면 당신이 맛도 냄새도 모르게 된다 생각하고 실컷 꽃의 향기도 맡고 음식 하나하나의 맛을 깊이 음미하라고. 당신의 모든 감각을 최대한으로 자극해 세상 모든 것의 아름다움을 감상하고 온갖 즐거움을 맛보라고 말이다. 이 충고는 모든 사람에게 숨 쉬고 살아있는 동안 우리 삶을 만끽하라는 뜻이리라. 다음은 1990년 12월 6일자 뉴욕타임스지에 중국 우한(Wuhan)이란 곳에서 니콜라스 크리스토프란 기자가 보낸 글이다.

키안 리쿤(Quian Likun)은 모범적인 대학생으로 짧은 치마를 입은 여학생 때문에 한눈을 팔거나 하는 일 없이 열심히 공부도 잘하고 달리기 경주에도 나간다. 다만 키안 씨는 다른 일반 대학생들보다 다섯 배나 나이가 많은 백 하고도 두 살이다. 그리고 보통 대학생들은 1900년에 일어났던 '복서반란'(중국 비밀결사대원을 지칭한 복서를 따서 복서반란이라 하는데 외국인과 외세에 반기를 들고 일어났던 중국민중봉기)과 1919년 청조(淸朝)의 멸망에 대해 배워야 하지만 키안씨는 그럴 필요 없이 다 기억하고 있다. 키안 씨가 다니는 노인대학교는 중국 중부 양자강을 끼고 있는 주요도시 우한에 있는데 학생수가 8천이다. 5년 전에 설립된 이 학교는 지난 8년 동안에 중국에서 생긴 8백여 노인대학교 중에 하나이다. 중국에는 전통적으로 경로사상이 있어서인지 아직은 후진국인데도 노인들을 위한 국가적인 배려와 시책이 놀랍고 인상적이다. 의지할 자녀가 없는 노인들을 위해서는 그들이 살 '노인의 집'이 마련되어 있고 부락이나 도시마다 은퇴한 시민들의 건강과 오락 및 교육을 위한 각종 프로그램이 있다.

"노인들이 스스로를 도와 가족이나 사회에 덜 의존하도록 돕고 나아가서는 그들이 더욱 사회에 공헌하며 노년을 즐길 수 있도록 노력하고 있다"고 우한노인대학교 부총장인 루 지안예(Lu Jianye) 씨는 말한다. 이 대학교에서는 미술, 디스코 춤, 서예, 브리지 카드놀이, 요리, 영어, 문학, 노인의 건강관리 등 123 과목을 가르치는데 한 학기 학비가 미화로 5달러도 안 된다. 이 우한에 사는 사람들은 대부분 글을 읽고 쓸 줄 알지만 학교를 못 다녀 문맹인 할머니들을 위해 글 가르쳐 주는 곳이 곳곳에 있다. 11억이 되는 중국인구 가운데 은퇴연령인 남자의 경우 60세 여자는 55세 이상의 노인 인구는 1억1천5백만 명에 달하고, 베이붐 세대가 장성하고 가족계획으로 신생아의 수가 줄어듦에 따라 전체 인구 가운데 노인 인구 비율이 앞으로는 더욱 높아 질 전망이다. 대부분의 중국 노인들은 자식들과 같이 살면서 손자손녀들을 보살펴주어야 하기 때문에 애들 부모가 일 나가고 애들이 학교에 가있는 시간에 노인대학교 수업을 받는다. 게다가 거동이 불편한 노인들을 위해 시내 각 주택가에 13개의 분교가 있다. 그리고 학교운영은 주로 시정부 예산으로 하며 교수진은 근처 정규대학 교수들이 적은 보수로 봉사하고 있다.

"교과수준은 물론 정규 대학보다 낮고 또 깊이 들어가지도 않으나 노인 학생들은 다양한 경험을 갖고 있고 학구열이 높은 까닭에 정규대학생들 가르치기보다 더 흥미롭다"고 한 노인대학교 분교에서 중국문학을 가르치는 주우(Zhou Wu) 씨는 말한다. 그의 학생들 가운데 가장 근면하고 열심히 공분하는 학생이 바로 102세의 키안 씨이다. 키안 씨는 은퇴한 영농연구원으로 매 수업시간을 위해 미리 예습도 잘해오고 수업시간 중에는 그의 날카로운 의견을 개진하기도 한단다. "당(唐)나라 시대 수준으로는 이 시가 별로이지만 오늘날 볼 수 있는 어떤 현대시보다 우수하다"고 얼마 전 한 수업시간에 선생님 주 씨가 칠판에 써놓고 강의하는 시 한 수에 대해 키안 씨가 평하더란다. 키안 씨는 혼자서 학교에 걸어 다니고 선생님의 강의를 따라갈 정도로 잘 듣고 본다. 그가 노인대학교에서 처음 들은 강의과목은 노인건강관리였는데 몇 달 전에 백 살로 세상 떠난 그의 부인과 건강이 안 좋은 그의 81세의 딸을 보살펴 주는데 크게 도움이 되었다고 키안 씨는 말한다.

지난봄에 이 노인대학 체육대회 때 3백여 명의 노인 학생들이 2.3 마일 코스를 뛰는 경주에 키안 씨도 끼어 절뚝거리면서도 중도에 탈락하지 않고 끝까지 코스를 마치기도 했단다. 전통적인 한시(漢詩)를 좋아한다는 키안 씨에게 그의 애송시를 물어보니 다음과 같은 옛 한시를 그는 암송했다.

오늘 아침 구름은
한 모숨 안에 들 것 같고
바람은 살랑살랑 가볍기만 한데
연못가를 거닐자니
꽃과 버들이 날 반겨주네.
지나는 사람들은
내 가슴 속에 샘솟는
이 기쁨을 모르리.

난 장난치는

어린 아이 같으니.

꽃과 버들이 나를 반겨주네

해심당 만들기

곧 안철수 씨의 신당이 창당된다는데 나라면 사랑당 아니 '해심당'을 만들어 보리라. 언젠가 이탈리아 총선에서 '사랑당' 후보로 출마할 것을 선언한 포르노 배우들 사진이 세계 각국 신문에 실렸었다. 그 가운데 한 미녀 스탈러 양은 걸프전쟁 때 이라크에 있던 수많은 서방 인질들을 억류한 사담 후세인 이라크 대통령에게 인질들을 석방한다면 그와 잠자리를 같이 할 용의가 있다고 제의해서 화제가 되었었다. 본명 보다는 라 치치올리나라는 이름의 포르노배우로 더 유명한 당시 35세의 일로나 스탈러 양은 이탈리아 진보당 국회의원으로 "나는 후세인 대통령이 인질들을 석방하는 조건으로 그와 잠자리를 갖고 싶다. "전쟁보다 사랑이 더 좋다"고 밝히고 "그가 내 제안을 수락한다면 난 그에게 최대의 서비스를 제공할 것"이라고 유혹했다.

세계 각국에서 이탈리아에서와 같이 '사랑당'이 생기고 '사랑선수'들이 정권을 잡게 되어 말뿐인 이름만의 '자유세계'나 '민주주의'와 '사랑'의 내용을 갖추게 되길 바라 마지 아니 할 일 아닌가 하고 나는 잠시 달콤한 망상에 빠졌었다. 그 동안 막강한 '힘'을 행사해온 군수산업 총기생산업자의 조종을 받아온 허수아비 꼭두각시 같은 용병 정치인들을 물리쳐 몰아내고 말이다. 예부터 오래 계속되어온 위선에 찬 독선 독단의 고전적인 예로 윌리엄 셰익스피어의 〈리어 왕〉에 이런 구절이 있다.

"야, 너 이놈, 악당 같은 부제(副祭)야, 채찍 든 손 놓거라. 저 갈보 계집을 채찍질하는 대신 너 자신을 채찍질 하거라. 저 갈보의 몸을 뜨겁게 탐내면서 어찌 네가 즐기는 그 몸을 채찍질 하는가."

지금으로부터 30여 년 전 영국에서 크게 화제가 된 사건이 있었다. 런던 남쪽 교외에 사는 창녀 씬티아 페인의 집에 경찰이 들이닥쳤을 때 이 집안에서는 남녀 60여명이 알몸으로 크리스마스 섹스파티를 즐기고 있었다. 이 파티에 온 손님들은 입장료로 당시 영국 돈 25 파운드짜리 식권 한 장씩을 사서 점심식사와 술을 들고 도색영화와 Sex Show를 보며 성행위를 하는 것이었다. 여기에 온 남자 단골손님들은 영국사회의 높으신 분들로 귀족을 비롯하여 성직자 신부, 법조인 판검사와 변호사, 정치인, 회사 사장님, 국회의원, 대학교수 등등이었다. 경찰이 도착했을 때 이 집에는 53명의 남자와 16 명의 여자가 있었고 한 쌍의 남녀가 시범성교를 막 끝낸 뒤였다. 이층에 있는 방마다 한 쌍 혹은 두세 쌍의 남녀가 성행위를 하고 있었고 방 밖에는 순서를 기다리는 남자들이 줄을 서고 있었다. 아래층 거실에서는 남녀 여러 쌍이 혼음을 즐기고. 남자들 이름은 밝혀지지 않은 채 이 집의 마담이라 불리는 당시 46세의 씬티아 페인만 재판을 받고 18개월 징역에다 벌금 5천 파운드를 물게 되었다. 경찰은 4개월을 두고 이 집을 지켜보는 동안 일주일에 두 번 이상 있는 이 섹스파티에 249명의 남자와 50명의 여자가 드나드는 것을 목격했다.

법정에서 씬티아의 변호인은 모두들 자발적으로 각자 본인이 원해서 찾아온 사람들이었다는 사실을 지적, 남자들은 하나도 벌하지 않으면서 이들에게 봉사한 여자만 처벌하는 이 위선적인 사회와 법 제도를 개탄했다. 고객 중에 한 사람이 밝힌 바로는 이러한 섹스파티가 10여년 아무 탈 없이 계속되어 왔는데 고객 중에 고위 경찰 간부도 끼어있어 보호받아온 것 같다고. 그리고 그곳에 오는 여자들 대부분이 아마추어들로 돈보다 섹스를 즐겨서라고. 당시 영국창녀노조의 항의는 물론 국회에서의 열띤 발언 등 일반 시민들의 반응도 탈선한 신부(神父)[사람 인 자에 아비 부 자나 지아비 부 자의 '人父'나 '人夫' 노릇도 못하는데 '神父'라 하는 것이 어폐(語弊)가 있지만]이야기에 수근 거리던 전통적인 태도와는 크게 달랐다. 그러나 중벌을 내린 재판장을 비롯해서 많은 사람들이 스스로에게 자문했어야 할 것 같다. 벌이 죄에 합당했나? 이 재판이 미국에서 있었고 한 때 성희롱사건으로 유명해진 대법원 판사 클래런스 토마스(보통 포르노는 물론 사람과 동물이 성 관계하는 것까지 즐겨 보았다는)가 재판장이었더라면 어땠을는지.

권태로움과 무료함의 등성이에 올라 근엄한 표정으로 세월의 흐름을 지켜보는 사람들은 누가 묻지 않더라도 제 각기 한번쯤 자문해 볼 일이다. "너라면 어쩌겠니? 네 인생을 처음부터 새로 살아 볼 수 있다면 어떻게 하겠느냐"고. 나로 말할 것 같으면(풍자, 해학적으로 비유해서) 즐거움을 좇아 좀 더 현명하고 솔직한 길을 택하리라. 딴 사람을 잡아 등쳐먹는, '등치고 배 문지르며 간 내먹는' 직업보다 차라리 정직하게 내 몸과 마음, 정신과 혼을 몽땅 다 팔아 나도 즐겁고 너도 즐겁게 해주는 남창(여자로 태어났다면 창녀)되어 '난 너보다 거룩하고 고상하고 깨끗하다'는 독선과 위선에 또 독과점적인 일부일처나 일부다처 또는 일처다부에 반기를 든 기수로서 사해동포 박애주의를 실천궁행(實踐躬行)해보리라. 라 치치올리나 같이. '사랑당' 아니, 자비지심(慈悲之心)의 '해심당(海心黨)' 만들어서…….

대도무문(大道無門)

김영삼 대통령 시절 한미정상회동에서 김 대통령은 클린턴 대통령에게 '大道無門'이란 휘호를 써주며 "이 뜻은 어려운 일이 있을 때 정정당당히 자세를 취하면 어려움을 극복할 수 있다는 것"이라고 설명하자 클린턴 대통령은 "언제나 가까운 곳에 두고 그 뜻을 새기겠다."며 감사를 표했다는 보도였다. 이 기사를 보면서 청소년 시절 내가 읽은 대화소고(對話小考)란 글을 연상했다. 열여덟 개 사항으로 된 이 경구(警句)들은 영국의 저명한 법률가로 대법원장을 지낸 매튜 헤일 경(1609-76)이 권한 것들인데 아주 어린 나이에 고아가 된 그 자신이 세상을 살아가면서 얻은 지혜이리라. 그 요점들만 옮겨보면 아래와 같다.

1. 거짓말은 거짓말 하는 사람을 해친다.
2. 거짓말 비슷한 것도 하면 안 된다.

3. 말은 적을수록 좋다.

4. 말을 너무 크게 하지 말라. 높은 언성이 아닌 공명정대한 공평무사한 이성의 조용한 설득력으로 상대를 침묵시킬 일이다.

5. 남의 말을 중단시키지 말고 끝까지 들어야 네가 그를 더 잘 이해할 수 있고 그의 말에 네가 더 잘 답변할 수 있다.

6. 말하고 나서 생각하지 말고 말하기 전에 생각부터 하라.

7. 사람마다 적어도 어느 한 가지엔 남보다 박식하고 능통하니 남의 말을 귀 기울여 듣고 많이 배워두면 언젠가는 다 쓸 데가 있으리라.

8. 경거망동하는 사람을 보거든 그를 거울삼아 네 언행을 조심하라.

9. 네가 잘 모르는 사람이 이상한 말을 하거든 그의 말을 너무 믿지도 의심하지도 말고 두고 볼 일이다.

10. 누가 네 앞에서 또는 네게 말 전할 사람에게 네 칭찬하거든 까마귀 보고 노래 잘한다고 칭찬한 여우 이야기를 상기하라.

11. 자화자찬 제 자랑 하지 않도록 주의하라. 오죽이나 널 칭찬해 줄 사람이 없으면 네 입으로 해야 할 지경이랴. 그러할 뿐만 아니라 남 듣기 지겹고 역한 일이다.

12. 기회 있을 때마다 자리에 없는 사람에 대해 좋게 얘기하지 나쁘게 말하지 않도록 하라. 다른 여러 사람을 위해서가 아니거든.

13. 어떠한 경우에도 맹세도 과장도 하지 말라.

14. 남의 약점을 비웃지 말라.

15. 좋은 말은 벗을 만들고 나쁜 말은 적을 만든다. 벗은 많을수록 좋고 적은 적을수록 좋다.
16. 미친 듯이 화내는 사람한테 너도 같이 화내지 말고 침묵이나 아주 부드러운 말로 대응하라. 이것이 나쁜 성질을 치료하는 최선의 요법인 동시에 가장 유효적절한 책망과 벌이 되어 그로 하여금 스스로 후회하고 반성토록 해준다. 그리고 어떻든 네 마음의 평정은 물론 네 인격과 명예를 지켜준다.
17. 누가 네게 비상한 관심을 갖고 경의를 표명하거든 너무 그를 믿지 말라. 그의 속뜻은 딴 데 있을지 모르니. 그의 속셈이 채워지지 않으면 너에 대한 그의 호의나 호감도 어느 틈에 사라질 것이다.
18. 이 경구들을 자주 음미하고 이행하노라면 네 판단력과 이해심과 경험이 날로 늘어나 네 삶이 갈수록 점점 더욱 더 풍요로워지리라.

이렇게 여러 마디를 단 한마디로 함축성 있고 함축미 나게 줄여서 동양적으로 표현한 것이 문자 그대로 '大道無門'이리라. 이런 큰마음 '해심(海心)'을 지닌 물방울들로 출렁이는 삶의 바다에 '大道無門' 있으리오.

삶 그 자체가 목적

“우린 모두 인간임을, 그리고 벗들과 가족과 직장의 동료에게 좀 더 관심을 갖고, 일만이 유일한 일이 아님을, 일이 인생의 전부가 아님을, 삶을 위한 일이지 일을 위한 삶이 아님을 기억하자.”

이것은 그의 어렸을 때부터의 친한 벗이자 백악관의 보좌관이었던 빈센트 포스터가 자살한 직후 빌 클린턴 대통령이 백악관 참모들을 모아 놓고 한 말이다. 그는 포토맥 강변의 한 공원에서 권총을 입에 물고 방아쇠를 당겨 자살한 시체로 발견되었다. 클린턴과 같은 고향, 영어로 희망이란 뜻의 ‘호프(Hope)’ 시에서 태어나 빌 클린턴 대통령과 토마스 맥라티 백악관 비서실장과 함께 같은 유치원을 다녔고 초, 중, 고를 수석으로 졸업, 법과대학에서도 그리고 변호사 시험에서도 일등을 했으며 일류 변호사로 활약해온 그가 일 많고 말 많은 워싱턴의 백악관생활을 견디지 못했으리라는 추측이었다. 최근에 와서 한국이나 일본에서도 '일중독환자'가 늘고 있다고 한다. 다음은 일본 三重縣立 高次屋 병원의 이노 박사가 얼마 전 발표한 일중독 자가진단표이다.

1. 부하나 동료에게 맡긴 일도 본인이 직접 확인하지 않으면 마음이 놓이지 않는다.
2. 항상 일의 기한에 쫓기고 있다.
3. 집으로 일을 가지고 가는 경우가 많다.
4. 휴일에도 일에 대한 생각에 빠져 있다.
5. 휴가 중에도 직장 일이 마음에 걸려 직장에 나타난다.
6. 중요한 사적인 약속이 있어도 잔업을 멈추지 못한다.
7. 동료가 모두 퇴근해도 혼자 남아 일을 계속한다.
8. 유급휴가를 거의 쓰지 않는다.
9. 업무 중에 방해를 받으면 화를 낸다.
10. 업무가 제 때 끝나지 않으면 화를 많이 낸다.
11. 점심을 먹으면서 일을 하는 경우가 많다.
12. 전화가 울리면 먼저 받으려 한다.
13. 회의의 진행이 느리면 참지 못한다.
14. 직장에서 일과 상관없는 대화를 거의 하지 않는다.
15. 직장 주위의 꽃이나 나무 등 풍경이나 사무실장식 등 환경에 관심이 없다.
16. 동료의 복장에도 전혀 관심이 없다.
17. 업무 중에는 항상 빨리 걷는다.
18. 시계를 차고 있지 않으면 불안하다.
19. 출퇴근하는 동안에도 업무에 대한 생각에 빠져있다.

20. 업무 중에 거의 휴식을 취하지 않는다.
21. 업무 중에는 동료가 차를 갖다 줘도 마시지 않아 식어버린다.
22. 현재 하고 있는 일이 끝나기도 전에 다음 일에 대한 생각에 골몰한다.
23. 아주 사소한 실수를 해도 하루 종일 걱정한다.
24. 직장을 떠난 동료나 부하와의 관계에서도 반드시 일에 관한 얘기만 한다.
25. 동료나 부하 직원이 자기 생각한 대로 움직이지 않으면 버럭 화를 낸다.
26. 부하의 실수에 대해서도 자신이 책임감을 느낀다.
27. 새 업무를 제의 받았을 때 '이 일이 내가 하고 싶은 일인가' 하는 생각보다 '내가 해야만 하는 일인가' 하는 생각을 먼저 한다.
28. 동료에게 뒤지고 있다고 느끼면 수단과 방법을 가리지 않고 만회하려 애쓴다.
29. 다른 직원들은 일에서 손을 놓고 있다고 생각한다.
30. 일은 과정보다도 결과가 중요하다고 생각한다.

이상 30 가지 항목 중 5개 이상 해당되면 요주의 상태란다. 여기서 우리 스티브 잡스가 그의 좌우명으로 삼았었다는 격언을 되새겨 보자.

"여정 그 자체로서 보람차다.(The Journey is the reward.)" 삶 그 자체가 목적이란 뜻이리라.

사다리 교훈

서양 사람들이 나누는 얘기 가운데 사다리와 관계되는 것이 두어 가지 있다. 그 하나는 영국 사람들이 '돌대가리'라고 놀리는 아일랜드 사람들의 미욱함과 미련함을 조롱하는 조크이고, 또 하나는 자식의 독립심과 자립심을 키워 주기 위해 의타심을 갖지 말라는 아버지의 교훈적인 일언이다.

첫째 이야기는 보통 사닥다리와 다르게 아일랜드 사람들이 쓰는 사다리 맨 윗막이 위에는 '정지(Stop)' 표지판이 붙어 있다고 한다.

둘째 이야기는 어린 아들이 사다리 타고 지붕 꼭대기에 오르게 한 다음 사다리를 치워놓고 아빠가 하는 말이 "앞으로 세상사는 동안 너는 절대로 아무도 믿지 마라. 너 자신밖에는." 이라고 한다.

지금은 미국의 한 출판사 사장이 된 사람이 그의 할아버지한테서 들은 이야기라고 한다. 이 할아버지가 옛날 배를 타고 대서양 건너 미국으로 이민을 올 때 심한 풍랑으로 배에 탄 사람들이 모두 멀미를 몹시 해 음식을 먹지 못하는데 할아버지는 혼자서 멀쩡하게 꼬박꼬박 제 끼니를 다 챙겨 먹는 것을 본 웨이터가 용하시다고 감탄하며 어떻게 뱃멀미 안 하실 수 있느냐고 묻자 할아버지는 선실에 흔들의자가 있어 요람처럼 이 의자에 앉아 파도 따라 배가 움직이는 대로 같이 몸을 움직이다 보니 괜찮더라고 대답하셨단다. 이 말을 귀 담아 들은 손자도 자라면서 인생의 파도 타는 법을 배웠다는 것이다. 이 손자가 자라면서 또 깨달은 것은 이 세상에 태어난 사람들이 모두 신체적으로나 정신적으로 다 똑 같은 조건하에 태어나지 않았다는 것, 어떤 사람은 신체가 불구나 약골로 아니면 머리가 남보다 둔하게, 그렇지만 하느님께서는 인간에게 그가 극복할 수 없는 시련이나 풀 수 없는 문제는 주지 않았다는 것, 그리고 생존의 비결은 자기에게 주어진 악조건을 호조건으로 역이용해 자신의 약점을 강점으로 바꿔버릴 수 있는 기지와 저력에 있다는 것이었다.

그래서 소아마비로 발을 쓰지 못하는 자기 같은 불구아동도 자신에게 주어진 두뇌와 발 이외의 다른 근육의 힘을 동원하면 얼마든지 씩씩하게 살아갈 수 있음을 알게 되었다. 이 불구소년이 자라면서 발견한 또 하나의 놀라운 사실은 생존을 위해 온갖 역경을 극복하기 위한 투쟁이 신체장애자들에게만 국한된 것이 아니란 것, 세상에는 신체적인 결함은 없어도 정신적 심리적 불구로 절름발이 앉은뱅이 귀머거리 장님처럼 인생을 눈 감고 귀 막고 절고 기둣 사는 사람들이 너무 많다는 사실이었다. 이를테면 눈뜬장님, 귀뚫린 귀머거리, 사지 멀쩡한 병신, 산송장 같은 사람들 말이다. 이 소년이 점차로 깨닫게 된 것은 누구나 무엇보다 먼저 자기 자신과 싸워 이겨야 한다는 것, 자신의 무지를 깨고, 약점을 극복, 누구의 도움도 없이 제 힘으로 일어서야 한다는 것이었다.

이 불구소년이 다섯 살 때 아빠가 영화관에 데리고 갔었는데 갑자기 불이 났다. 극장 안은 수라장이 된 채 모두들 제각기 먼저 빠져 나가려고 아우성인데 아빠가 아들을 번쩍 들고 이 병신자식 좀 먼저 빠져나가게 해달라고 소리소리 질렀지만 아무도 비켜주지 않자 아빠도 남들처럼 사력을 다해 남들을 밀어 제치면서 실력행사로 화재현장을 빠져 나올 수 있었다. 이때부터 이 어린 소년 가슴엔 공포심이 생겨 힘을 기르고 실력을 쌓게 되었다고 한다. 이 세상은 제 힘으로 제 실력으로 살아가야 한다는 것을 배운 것이다. 이것이 어디 개인에 있어서만 그러랴. 국가와 민족에 있어서도 그렇고, 강대국에 의해 분단된 우리 한반도의 통일은 결코 강대국의 힘을 빌려 이루어 질 일이 절대로 아니고 우리 스스로의 힘으로 이룩해야 하리라. 하늘도 스스로 돕는 자를 돕는다고 했다.

호랑나비 춤을 추어 보세

"인간은 한 그루의 나무와 같아 그 뿌리가 비옥한 땅 속에 있어야 한다. 만일 머리와 가지만 있고 (가슴) 뿌리가 없다면 공허한 헛소리나 반복할 뿐, 생명의 근원으로부터 분리되어 새로운 아무것도 창조하지 못한다."

이것은 미테랑이 프랑스의 대통령으로 당선된 직후 그가 한 말이다. 1986년 41세로 타계했지만 살아있는 동안 프랑스에서 가장 널리 알려지고 인기 있는 사람은 꼴루쉬(Coluche)란 코미디언이었다. 그는 스스로를 가리켜 권력을 휘두르는 자들 눈에 가시라고 자칭했다. 반(反)정치인으로서 그는 허황된 권력과 권위주의를 조롱하면서 위정자들이란 본래 국민을 위하는 것이 아니고 국민을 제물로 삼아 그들 자신의 부귀와 영화를 도모하는 자들이라고 했다. 풍자, 해학, 재담, 쌍욕 등을 자유자재로 구사, 해괴망측한 복장에다 기성, 괴성까지 내면서 이상야릇한 몸짓으로 정치인들을 묵사발 만들어 시청자들을 웃겼다. 그는 정치인뿐만 아니라 로마 가톨릭 교황을 비롯한 영국의 왕실 가족들, 경찰 그리고 불친절하고 괜히 콧대가 센 프랑스 사람 자신들까지 놀려댔다.

그는 라디오나 TV의 골든아워 프로그램을 독차지했고 언론에선 인종차별, 빈곤 등 제반 사회문제에까지 그의 의견을 인터뷰 기사로 보도했다. 신문마다 '만인지상(萬人之上) 꼴루쉬'니 '무소부재(無所不在) 꼴루쉬"란 제목으로 그의 언행을 소개했고 르몽드지는 그를 "성(聖-Saint) 꼴루쉬"라 불렀고 또 다른 일간지 리베라숑은 프랑스 국민을 가장 즐겁게 하는 인물로 꼴루쉬를 꼽았다. 그는 말했다.

"우리는 정치라는 단어의 숨은 참뜻을 잊어버렸다. 그것은 사람들이 더욱 더 행복하도록 우리 사회를 만들어 간다는 뜻이다. 예술인들이야말로 사람들의 삶을 밝고 즐겁게 해주는 사람들이다. 그래서 나는 사람들을 웃기고 또 사는 것이 즐겁다는 것을 사람들이 느끼도록 노력한다."

꼴루쉬는 사람들을 웃기고 즐겁게 해주는데 그치는 단순한 코미디언이 아니었다. 어느 정치인, 종교인, 사회사업가 이상으로 그는 직접 발 벗고 나서 어려운 사람들을 도왔다. 크리스마스나 연말이면 프랑스 전국 곳곳에 '인정식당'을 차려 실업자들과 극빈자에게 무료급식을 했다. 파격적인 그의 스타일과 감동적인 그의 선행에도 경탄할 일이지만 이와 같은 코미디언을 열광적으로 수용하는 프랑스 정치인들의 성숙도와 국민의 민도(民度)가 몹시 배 아프게 가슴 저리도록 부러웠었다. '절대적인 권력은 절대적으로 부패한다.'는 말이 뜻하는 바와 같이 인간이 절대적으로 완전할 수 없는데 이렇게 절대적이 못 되고 상대적일 수밖에 없는 인간이 절대적인 힘을 행사할 때 절대적인 잘못을 저지를 수밖에 없을 것은 너무도 자명한 이치 아니겠는가. 특히 육신생활을 통제하는 정치와 정신생활을 지배하는 종교가 하나로 야합 통일될 때 그 피해가 가장 클 것이다. 독립선언문을 기초한 미국 제 3대 대통령이었던 토마스 제퍼슨은 그가 쓴 한 편지에 이렇게 적었다. "종교문제에 있어서는 민간정부의 금과옥조격인 금언을 뒤집어 '뭉치면 죽고 흩어지면 산다.' 라고 말해야 하리라." 물론 이 말에서 그는 교회와 정부가 철저히 분리되어야 한다는 점을 강조한 것이다.

또 미국의 제 10대 대통령이었던 존 타일러는 그가 쓴 한 편지에서 다음과 같이 종교와 신앙의 자유에 대해 웅변적으로 예언자 같이 말하고 있다. "미국은 하나의 위대하고 고귀한 실험을 감행했다. 그 선례가 없다는 점에서 위험한 모험이었다. 교회와 국가를 전적으로 분리하는 전대미문의 쾌거 말이다. 따라서 법률로 정해진 어떤 종교도 우리는 갖고 있지 않다. 양심은 그 어떤 구속과 속박에도 얽매이지 않은 채 국민 한 사람, 한 사람 모두가 각자 자기가 독자적으로 판단해서 자기가 믿고 섬기고 싶은 그의 창조주를 숭배할 뿐이다. 인간의 육체는 억눌리고 구속되어도 인간으로서 우리는 생존할 수 있지만 인간의 정신과 마음이 속박되면 우리의 정신력과 정신기능(의역하자면 인간 혼)이 파멸해 없어지고 지상에 남는 것은 세속적인 속물일 뿐이다. 정신은 빛이나 또는 공기처럼 가벼워야 한다."

젊은 날 한때 내가 서울에서 법원 출입 기자로 뛸 때 당시 '피카소크레용' 제조업자가 반공법 위반으로 입건된 사건이 있었다. (눈 딱 감고 보지 아니 하면 북한의 존재가 당장 없어지기라도 한다는 뜻으로 보지 '보' 자(字)에다 안 보지 '안' 자를 갖다 붙여 소위 '보안법'이란 것이 만들어진 것이었을까?) 그 사유인즉 스페인 태생의 프랑스 화가 파블로 피카소가 좌경이기 때문이란 말에 나는 담당 검사에게 "아니, 그렇다면 같은 한반도에서 남한에 사는 우리 대한민국 국민 모두가 북한에 사는 우리 동포들이 마시는 공기를 같이 마시니까 또한 반공법 위반으로 걸려야 되는 게 아니냐?"며 "그럴 경우 반공법의 '공'(共) 자를 공중에 자유롭게 떠도는 공기 '공(空)' 자로 바꿔야 하지 않겠는가?"라고 항의해 본 일이 있다. 하기는 수많은 우리나라 애국지사들을 때려잡던 일제 앞잡이 '사냥개들'의 버릇을 그대로 이어 받아 부정부패한 독재정권의 시녀냐 졸개 노릇 해 온 것이 남한의 일부 공안 판, 검사와 경찰 아니었나. 생각해 보면 대한민국 정부수립 이후로 역대 집권자들이 국민 위에 깔고 앉아 국민의 숨통을 조여 온 '반공법'이다 '국가보안법'이란 방석이 저 한때 사회의 물의를 일으켰던 사교 용화교 교주가 수많은 여신도들을 농락 겁탈하고 그들로부터 뽑은 음모(陰毛)로 만들어 즐겨 깔고 앉았던 '음모(陰毛)방석'과 다를 바 없는 또 다른 '음모(陰謀)방석'이 아니었을까. 북한의 '김일성/김정일/김정은교(教) 교주(教主)'는 말할 것도 없이 더더욱 그렇고 말이다.

이제 2014년 청마(青馬)의 해를 맞아

백마나 흑마가 아닌 청마를 올라타고
우리 다 함께 더불어
앗싸, 신나게 호랑나비 춤을 추어 보세.
칭칭, 호랑가시나무에 허리가 감겨
호랑버들이 되도록.
앗싸! 미친 듯 호랑나비춤을 추어보세.
백화난만한 꽃밭에 코를 박고
호랑지빠귀가 되도록
삼천리 방방곡곡에 통일꽃 피우고
칠천만 온 겨레가 손에 손 잡고
가슴이 터지도록
목청이 째져지도록
호랑나비 춤 아니 통일 춤 추어 보세.
무거운 머리로 박치기 하다가는 죽이고 죽지만
가뿐한 가슴으로 우리가 서로 사랑하노라면
더러 어쩔 수 없이 뜻밖의 상처를
주고받을 수밖에 없다 해도
이 사랑의 상처 가슴앓이를 통해
우린 서로를 더 깊이 이해하고 사랑하게 되어
너도 나도 우리 모두를 다 알뜰히 살리게 되리.

인생 순례의 지로역정(地路歷程)

지난해 3월 결혼하고 다섯 달이 지나 남편을 잃은 내 둘째 딸이 금년 봄 800킬로미터 여정으로 프랑스 남부국경에서 시작해 피레네 산맥을 넘어 스페인 산티아고 데 콤포스텔라까지 추모의 '산티아고 순례길'을 걷기로 했단다. 17세기 영국 작가이자 침례교 전도사 존 번연의 우화형식의 종교소설인 〈천로역정(天路歷程 Pilgrim's Progress)〉이나 이탈리아 시인 단테의 〈신곡(神曲 Divina Commedia/Divine Comedy)〉에 근접할 수는 없겠지만 적어도 하나의 '지로역정(地路歷程)'의 '인곡(人曲 내지 人哭)'은 되리라. 정녕 이상과 현실은 하늘과 땅이렷다. 양자 간에는 무한한 거리가 개재한다. 하늘이 땅 일 수 없듯이 땅이 하늘 일 수는 그 더욱 없으리라. 신(神)은 하늘에 살고 동물은 땅에 산다면 신과 동물의 튀기라고 할 수 있는 인간은 어디서 살아야 할까. 모든 인간은 땅을 밟고 산다. 현실을 초월할 수도 망각할 수도 없기에. 그렇지만 얼굴만은 하늘을 우러러 살아야 하리라. 이것이 인간된 도리이리라. 진실로 이상은 정말 실현될 수 없는데 그 의의가 있을는지 모르겠다.

하늘이 끝도 한도 없이 높은 것처럼 영원히 실현될 수 없는 이상을 추구함으로써 인간은 끝없이 계속 노력하고 따라서 발전 향상할 수 있으리라. 〈하늘과 바람과 별과 시〉의 시인 윤동주처럼 '죽는 날까지 하늘을 우러러 한 점 부끄럼이 없기를' 염원하고 기원하면서. 세계 어느 나라에나 별난 사람들이 간혹 있어 왔겠지만 이런 괴짜들이 오늘날에도 적지 않게 살고 있는 것 같다. 어떻게 보면 이런 '비정상적'인 사람들이 보통 정상인보다 더 정상적일는지 모르겠다. 자신의 신념대로 제 취향 따라 제 식으로 제 삶을 사니까. 이러한 기인들은 남보다 주관이 뚜렷하고 용기 있는 일종의 탐험가라 할 수 있을 것이다. 그 한 예를 들어보자.

지난해 7월, 91세로 타계한 개리 데이비스(Garry Davis)는 1948년 5월 25일 파리 주재 미국대사관에 나타나 그의 미국시민권을 포기 반납했다. 그 후로 '세계시민'으로 자신이 만든 '세계여권' 제1호를 소지하고 65년 동안 '한 세계(One World)' 운동을 벌여 왔다. 수많은 나라를 여행하면서 입국을 거절당하기도 하고, 체포되어 감금되거나 추방당하기도 하면서. 그의 주장은 단순 명료했다. 세상에 '국가'라는 나라들이 없다면 전쟁도 없을 거라는 것이었다. "나는 나라 없는 사람이 아니고 다만 국적 없는 사람"이라며 1953년 '세계시민들의 세계정부(World Government of World Citizens)'을 창설 설립해 세계여권, 세계시민증, 출생신고서, 결혼증명서, 우표 및 화폐까지 발행해왔다. 그 동안 50만 개 이상의 세계여권 등 2백 5십만

통 이상의 '세계정부(World Government)' 증서가 발급되었는데 3년짜리는 미화로 $45이고 15년 유효한 세계여권은 수수료가 $400로 에스페란토(Esperanto)를 비롯해 7개 언어로 작성되어 있다고. 현재로선 6개국(버키나 파소(Burkina Faso), 에콰도르, 모리타니아, 탄자니아, 토고, 잠비아)에서 공식적으로 이 세계여권을 인정하고 그 이외에도 150개 국 이상이 경우에 따라 때때로 존중해주고 있단다.

이 '한 세계(One World)' 운동 지지자들 가운데는 알버트 슈바이처, 알버트 아인슈타인, 알배르 카뮈, 장 폴 싸르트르 등 지식층이 많지만 많은 '안락의자 이론가(armchair theorist)'들과 달리 그는 평생토록 그의 믿음과 생각을 몸소 실천 실행에 옮긴 사람이다. 그는 90세에도 안주하지 않고 2012년 당시 런던 주재 에콰도르 대사관에서 '동면(冬眠 holed up)'하고 있는 '위키릭스(WikiLeaks)'의 창설자 줄리안 아산지(Julian Assange) 씨에게 그의 명의로 발급된 세계여권을 전달했고 2013년 그가 임종하기 몇 주 전엔 러시아 정부 당국을 통해 미국의 스파이 정탐법(espionage laws)을 위반한 혐의로 도피중인 전(前) 미국국가안전요원(the fugitive former national security contractor)에드워드 제이 스노든(Edward J. Snowden) 씨에게 그의 세계여권을 발송했다. 그는 노년에도 세계 각국 대학을 순방하면서 '한 세계(One World)' 운동에 대해 강연하고 집필활동을 계속했다. 다음은 그가 1990년 일본의 영자 신문 '일간 요미우리(The Daily Yomiuri)'와의 인터뷰에서 한 말이다.

"국가라는 나라(The nation-state)는 무질서와 혼돈을 영속화하는 정치적인 허구이고 전쟁의 싹터(The nation-state is a political fiction which perpetuates anarchy and is the breeding ground of war), 이며 국가에 대한 충성은 합의 집단자

살 행위이다.(Allegiance to a nation is a collective suicide pact.)"

쏠 가레쓰 데이비스(Sol Gareth Davis) 씨의 하나로 통일된 지구촌에 대한 열망은 아주 어린 나이에 싹텄다고 한다. 유복한 가정에 태어나 자라면서 누리는 여러 가지 특혜를 불편하게 느꼈었고 제2차세계대전 때 타고 있던 해군 구축함이 이탈리아 연안해에서 독일 잠수함의 공격을 받고 침몰해 그의 형이 전사하고 그 자신이 B-17 폭격기 조종사로 겪은 그의 전시 경험에서 촉발되었다고 한다. 1961년 출간된 그의 회고록 "세계가 내 나라다.(The World Is My Country.)" [후에 책 제목이 "내 나라는 세계다.(My Country Is the World.)"로 수정되었다.] 그는 이렇게 회고한다. "독일 브란덴버그 상공으로 첫 출격이후 나는 양심의 격통을 느꼈다.(I felt pangs of conscience.)내가 얼마나 많은 폭탄을 투하했나. 얼마나 많은 남자, 여자와 어린이들을 내가 살인했나. 다른 방법은 없었을까. 나 자신에게 계속 반문했다.(How many bombs had I dropped. How many men, women and children had I murdered. Wasn't there another way, I kept asking myself.)"

그가 찾은 다른 길이란(The other way) 국가 간의 국경을 없앰으로써 분쟁과 충돌을 없애자는 것이다. 이런 길이란 내 딸 수아처럼 우리 모두 인생순례의 지로역정(地路歷程)에 오르는 것이리라. 수아의 남편은 영국특수부대 조종사로 복무하다 피부암 말기 판정을 받고 의병제대했었다. 2012년 여름 인터넷 데이팅 써비스를 통해 내 딸을 만나 교제하다 결혼한 지 5개월 만에 만난 지 13개월 만에 지상을 떠나 '천로역정(天路歷程)'에 올랐어라.

사랑은 없어지지 않으리.

오랫동안 계속 부인하고 책임 회피를 해온 미국정부가 몇 년 전 처음으로 미국의 원자폭탄 실험으로 방사선 세례를 받은 사람들에게 암을 유발시킨 책임을 인정했다. 1945년부터 1962년까지 남태평양 일대 공중에서 총 183회에 걸쳐 실시한 원자폭탄 실험으로 25만 명 이상의 미군과 수많은 도서 주민들이 피해자가 되었다. 그 피해자 중 한 사람인 오빌 켈리 병장이 미국정부기관인 원호처를 상대로 제기한 손해배상청구 소송에서 피고인 미국정부가 그 책임을 인정하게 된 것이다. "원자탄 실험으로 암에 걸려 죽은 사람의 정확한 숫자는 알 수 없지만 지금까지 밝혀진 것은 빙산의 일각 일 뿐"이라고 지적한 켈리 병장은 자기와 같은 피해자를 위해 '원폭상이군인회'를 조직했고 〈하루가 소중하다〉는 제목의 책 한 권과 '사랑은 없어지지 않으리.(Love Will Never Go Away.)'라는 감동적인 시 한 편을 남기고 죽어갔다.

사랑은 없어지지 않으리.

노란 태양빛 속에
만물이 되살아나는 봄이면
어떤 앞날이 우리에게
있을지 모르고
당신과 나는 함께
땅을 밟고 걸었다오.
해마다 꽃 필 때면
내 생각 좀 해주오.
죽음이 종말이라 하지만
당신에 대한 내 사랑은
끝나지 않을 것이오.
내가 떠나고 없는 어느 날 밤
당신이 외로워 질 때면
이 내 사랑을 기억해주오.

당신을 두고 나 혼자 먼저
당신 곁을 떠나야 한다는
말을 들을 때까지
새 소리가 그토록 감미롭고
청아한 줄 몰랐다오.
당신과 함께 내가
백년해로 할 수 없음을 알 때까지

여름 하늘이 그토록 푸른 줄
난 미처 몰랐다오.
그렇지만 당신의 사랑을 모르고
억만 년 사는 것보다
짧게나마 당신을 안 것이
한 없이 더 좋다오.
우리 같이 지낸 날들과 밤들을
영원토록 기억해 주오.

만물이 죽기 시작하고
금 갈 색으로 나뭇잎들이
단풍 드는 가을에도
날 좀 기억해 주오.
나 비록 당신 손을
전처럼 잡지 못한다 해도
저녁때면 옛날처럼
도시의 보도를
당신과 함께 걸을 것이오.

먼 훗날 어느 겨울
방 안 벽난로에선
나무 타는 소리와 연기가 나는데
문득 생각나듯 돌아보며
우리는 서로를 발견할 것이오.
당신의 웃음소리 다시 들으면서

당신의 얼굴 다시 만져 보고
당신을 내 품에
다시 꼭 안을 것이오.

그러나 그 날이 오기 전
그 때가 되기 전
어느 겨울 밤
밖에는 눈이 내리고
방 안 가득히 고독이
당신을 엄습하거든
굳게 또 확실히 믿어주오.
비록 죽음의 사자가
내 목숨 앗아갔지만
우리의 사랑은
영원하다는 것을.

월남전과 고엽제

언젠가 한국 신문에 간단한 사진 설명뿐 기사도 없이 사진 한 장이 실렸다. 우리나라의 월남전 파병 장병 중 '에이전트 오렌지(Agent Orange)' 피해자와 가족들이 보상을 요구하는 피켓을 들고 청원하는 장면이었다. 이 사진을 보면서 그보다 몇 년 전 읽은 기사 하나가 머리에 떠올랐다. 아니 가슴에 되살아났다.

쥴리오 마르티네즈는 창피 막심이다. 그도 그럴 것이 건강한 남자의 가슴이었던 곳에 작은 젖가슴이 생기고 손과 발에 힘이 없고 머리털이 뭉텅이로 빠지는데다 심리적인 불안정 상태로 한 직장을 오래 붙들지 못하고 성욕을 잃어 부인과의 성생활도 할 수 없게 되고 그 동안 본 자식 넷이 사산 아니면 신체장애자나 정신박약아로 태어났다. 쥴리오는 34세밖에 안 되었다. 17년 전 나이를 속여 군에 입대, 조국을 위해(?) 월남전에서 싸우고 있던 어느 날 수많은 미군 비행기로부터 공중에서 무엇인가가 뿌려졌다. 며칠이 지나자 다리에 종기가 나기 시작했다. 월남전 5년 동안에 미국은 1천백만 갤런의 '에이전트 오렌지'라 불린 고엽제(枯葉劑) 화학물질을 베트남의 정글과 논밭에다 뿌렸다. 베트콩을 숨겨 줄 초목을 없애고 적이 먹을 곡식이 자라지 못하게 하기 위해서였다. 미 국방성이 오랜 은폐와 책임회피 끝에 처음으로 많은 미군 장병들이 이 고엽제에 접촉 오염되어 피부암 등 피해자가 되었음을 인정하게 되었다. 월남전 참전 미군 장병들을 위해 이 '에이전트 오렌지'를 제조한 5개 화학제품 생산 업자를 상대로 손해배상청구소송이 제기되었고, 이들 피고 회사가 1억 8천만 달러(한화 약 2천억 원)의 기금을 마련토록 한 것이었다. 미군장병들의 피해가 그 정도였다면 무고한 베트남 사람들의 피해는 얼마나 더 컸을 것이며 미군보다 더 최전방에서 싸운 우리나라의 파월장병들이 받은 피해가 어떠했을지 생각하기조차 끔찍하다. 그리고 이들에 대한 어떤 구제책이 있었는지 매우 의심스럽다. 1931년 9월 제네바에서 국제 군비축소회담이 열리기 직전 20세기의 과학자요 철인이었던 앨버트 아인슈타인은 세계평화를 주창하며 다음과 같은 예언을 했다.

"내가 보기에 오늘날 신뢰할 수 있는 몇 개국 지도자들은 전쟁을 원치 않는다. 하지만 마치 유전병처럼 불행하게도 대대로 평화를 짓밟는 세력이 우리의 잘못된 교육 때문에 커가고 있다. 이것은 주로 군사훈련과 이를 미화 칭송하는 무력만능주의에 도취된 군과 그 배후에 도사리고 있는 막대한 군수산업 그리고 이에 의존하는 사이비 언론 탓이다. 무장해제나 군비축소 없이 항구적인 평화란 있을 수 없는데도 계속 군비증강을 해 나간다면 필연코 새로운 비극과 파멸을 피할 수 없을 것이다."

어쩌면 모든 사람 속에 살아 있을 어린애 코스모폴리탄 아니 코스미안 순례자를 러시아의 천재 소녀 시인 니카 투르비나(Nika Turbina)가 대변하는는가 보다.

날 무섭게 하는 것은 무관심이에요.
사람들의 냉담한 무관심이
세상을 삼킬 것만 같아요.
작은 우리 지구를
우주 한 가운데서 뛰는
이 작은 심장을.

또 이 '작은 심장' 가슴의 대변아(代辯兒)는 '점치기(Telling Fortunes)'란 시에서 이렇게 탄식한다.

점쟁이라면
얼마나 좋을까?
난 꽃으로 점치고
무지개로 세상의 상처
다 아물게 할 수 있을 텐데.

'서편제'와 '남태평양'

1993년 개봉한 영화 〈서편제〉는 임권택 감독이 감독을 맡았고 이청준의 동명소설을 김명곤이 각색한 것이다. 당시 서울을 방문 중에 단성사에서 나는 이 영화를 감명 깊게 보았다. 공교롭게도 때마침 종로3가에서 데모대와 대치중인 경찰이 쏘아대는 최루탄 가스로 눈물 콧물 흘려가며 본 기억이 난다. 아름다운 우리나라 산천을 배경으로 전개되는 이야기는 너무도 감동적이었다. 예부터 우리는 자자손손 대대로 가슴 속에 깊은 한을 품고 살아 온 민족이라고 한다. 그래서 개인이고 민족이고 간에 한을 품어야 판소리 같은 소리가 나올 수 있는 것인지 모르겠다. 우리말 사전에 보면 한할 한, 뉘우칠 한(恨) 자(字)는 한사(恨事), 유한(遺恨), 원한(怨恨), 회한(悔恨), 다정다한(多情多恨)이라고 원한을 품거나 유감으로 생각한다든가 뉘우치고 애석하게 여겨 후회한다는 뜻인데 생각해 보면 과거 지향적으로 매우 부정적이고 건강하지 못한 감정인 것 같다. 미래지향적으로 진취적인 꿈을 꾸는 희망이란 단어와 대비해 볼 때, 마치 흐르지 못하고 고여 썩는 물밑에 가라앉은 앙금 찌꺼기 같은 것 아닐까.

그러나 〈서편제〉가 주는 이 영화에서 내가 받은 한 가지 교훈은 한 사람의 소리꾼으로서도 그야말로 명창이 되려면 한을 그대로 품고 있어서는 안 되고 그 한을 뛰어 넘어야 한다는 것이다. 같은 음악영화 '뮤지컬(Musical)'로 내가 젊었을 때 본 미국영화 〈남태평양(South Pacific)'이 있다. 베스트 사운드 최고의 음질로 1958년 아카데미상을 탄 로저스와 해머스타인의 작품으로 미국 작가 제임스 미치너의 〈남태평양 이야기〉를 엮어 만든 것이다. 세계 제 2차 대전 중 미군 점령 하에 있는 남태평양의 한 섬에서 벌어지는 러브 스토리다. 순진한 한 젊은 미 해군 간호장교와 프랑스인 농장주 사이에, 그리고 한 젊은 미군 정보장교와 아름다운 원주민 소녀 사이에 펼쳐지는 로망스가 대자연을 음악으로 승화한 한 편의 서사시 같은 작품이다. 특히 기억에 남는 장면과 노래가 "해피 토크(Happy Talk)"로 원주민 소녀가 두 손을 갖고 매혹적으로 무용하듯 부르는 노래 가사는 한 마디로 줄여보자면 '꿈부터 꾸어야지 꿈이 없으면 어떻게 꿈을 이룰 수 있겠는가?'란 것이다.

또 잊혀지지 않는 것은 일찍 젊은 혈기와 의협심(義俠心)에서 약자를 괴롭히는 동네 어른 '골목대장'을 살해하고 피신해 남태평양 섬에 정착한 프랑스인이 태평양 전쟁 당시 미군 측을 위해 첩보활동에 협조해 달라는 미군 장교들의 요청을 거절하면서 묻는 말이다. "무엇에 반대하는 줄은 알지만 무엇을 위해 당신들은 싸우는가?"라고. 그리고 또 한 가지 이 영화에서 주는 노래로 된 메시지는 '어렸을 때 잘 배워야 한다.'는 것이다. 이 프랑스인과 사랑에 빠졌다가 그가 원주민 여자와 결혼해 혼혈아를 둘이나 낳고 살다 상처한 사실을 알고 고민하고 떠나려는 미군 간호장교를 위로하면서 미국 고향에 약혼자를 두고 온 젊은 장교가 '해피-토크'의 원주민 소녀를 사랑하게 되어 역시 번뇌하는 비슷한 입장에서 부르는 노래가 '어렸을 때 잘 배워야 한다."이다. 인종적 편견을 갖지 않도록, 그것도 아주 어려서부터라는 내용의 노래다.

이것이 어디 인종적 편견뿐이랴. 우리나라 우리 사회에도 고질병 같은 편견은 얼마든지 볼 수 있다. 같은 지방의 출신자끼리 서로 동아리를 지어 다른 지방 사람들을 배척, 비방, 중상, 질투하는 파벌적인 색채는 지방색을 비롯해서 같은 학교 출신에 의하여 만들어지는 파벌, 학벌, 등등, 집단이기주의와 소인배정신은 흡사 이민족을 배척하는 것 같기도 하다. 그러나 한이 많은 민족일수록 서로 싸우면서도 할 일은 많다. 역사의 뒤안길에서 창틀마다 쌓인 먼지를 유산이라 물려 준 어쩔 수 없는 조상이 있기에 우리는 한을 가슴에 품고 살아간다. 칠흑 같은 어둠 속에서 피를 토하고 가슴을 쥐어짜며 천둥 번개가 치는 광활한 대지를 품에 안기 위해 트인 소리, 트인 세상을 찾는 저마다의 판소리는 맺힌 한을 풀려는 한민족의 울음소리이기도 하다.

빛과 시간의 소리

빛과 색깔에 매료되었었던 네덜란드의 후기 인상파 화가 빈센트 반 고흐의 편지문구를 인용, 영국의 인기 여류작가 안토니아 수잔 바이어트는 1993년에 나온 〈마음의 열정(Passions of the Mind)〉이란 수상록에서 사색의 계절에 명상과 상념의 시간 속으로 아래와 같이 산책한다.

"나는 어리석고 바보 같은 짓 안 하려고 자연을 주시(注視) 관찰한다. 얼토당토아니하게 터무니없는 실수를 저지르지 않기 위해서다. 내가 칠하는 색깔이 자연의 빛깔에 일치 부합하는가 보다는 자연 그대로 아름다운 것처럼 내 화폭에 나타나는 그대로 아름다운가. 이것이 내 관심사다."

언어나 다른 방식에 의한 우리의 표현력과 함께 우리가 색깔을 감지하고 분별할 수 있다는 것이 어쩌면 인간에게만 부여된 특전일지 모를 일이다. 다른 생물들은 다른 파장을 알아본다고 우리는 알고 있다. 우리가 공기와 소리의 흐름 속에 살고 있듯이 빛과 빛깔의 흐름 속에 살고 있으면서도 우리는 그 아주 적은 부분만을 감지하고 그 뜻을 이해하려고 애쓸 뿐이다. 반 고흐의 조색(調色)판 팔레트 위의 여러 색의 그림물감 색소 사이의 화학작용과 그 색조의 변조(變調) 또한 우리가 감지할 수 있는 흐름의 일부 일 따름이다. 저 변화난측한 날씨에 따라 변화무상한 하늘과 나무들에서와 같이. 이 모든 것을 우리는 서로 또 우리 자신에게 연관 짓고 관련시킨다. 그것도 어디까지나 우리가 서있는 입장에서 우리가 바라볼 수 있는 시각으로 말이다. 내가 보기에는 그의 창작력의 열정이 절정에 달했을 때 반 고흐는 이 모든 것들을 일종의 창조적이고 시적인 조화 속에 수용시킬 수 없었던 것 같다. 그도 그럴 수밖에 없었던 것이 모든 것이 균형 잡힌 조화란 언제나 항상 안팎으로 위협받고 있기 때문 일 것이다. 이것이 어디 빛의 흐름 속에서 뿐이랴. 시간의 흐름 속에서도 우리가 겪는 일이기도 하다.

미국의 소설 평론가 조세핀 헙스트(Josephine Herbst 1892-1969)는 1991년 출간된 〈활기 띤 스페인의 푸른 창공(The Starched Blue Sky of Spain and Other Memoirs)〉에서 어린 시절 한 여름 바닷가에서 지낸 일을 아래와 같이 묘사하면서 어른들이 한 어린 아이에게 어떻게 세월의 흐름을 통해 이어지는 한 가족의 부단한 지속성과 일체감을 전해주는지, 그 은밀 미묘하고도 신비스런 방법들을 상기시킨다.

"밤이었다. 유목(流木), 부목(浮木)을 걷어 모아 지핀 커다란 야영의 모닥불 캠프파이어 불똥이 산지사방으로 튀면서 무지개 빛깔로 혹은 유황빛 황녹색의 빛줄기 분수로 뿜어 오르다가 녹청색 웅덩이 속으로 침몰하듯 가라앉는 불빛 속으로 요술쟁이들과 견습하는 그들의 제자들이 마술을 부리고 있었다. 깊은 수면같은 하늘에 떠서 반짝이는 수많은 별빛과 끊임없이 들려오는 파도 소리로 나는 물속에 잠긴 채 밤이라는 광대한 침상용의 그물해먹(hammock), 흔들리는 요람에 누워있는 것 같았다. 없어진 것들과 지나가 버린 일들에 대해 이야기를 나누는 어른들의 말소리가 때로는 웃음소리로 변하면서 시간과 공간의 아득한 수평선 저 너머로 넘나들고 있었다. 그 순간 '저기(there)'가 '여기(here)'가 되었고 '그때(then)'가 '지금(now)'이었다. 마술사들이 그들의 요술그물을 바다 위로, 사람들이 농사짓고 살던 시골 동네 마을들을 뒤덮어버린 대양(大洋)에 던지고 있었나 보다. 그렇기에 그들이 되살려내는 세계는 그토록 꿈같았고, 그 환상들은 유령 같았으며, 그 밤은 온통 물속에 잠겼으리라. 그들의 소유인 역사의 산호섬들을 나뭇가지처럼 내게로 뻗어 나눠주면서."

존재의 가치-동방신기(東方神氣)

우리가 자연계를 구조, 구제하려면 무엇보다 제일 먼저 우리 각자 자기 자신의 집과 가정을 돌보듯 책임감을 갖고 자연을 대하는 것이 최 급선무라며 1992년에 출간된 〈자연과 그 밖의 다른 어머니들: 일상생활에 미치는 여성의 미덕에 대한 감상(Nature and Other Mothers: Reflections on the Feminine in Everyday Life)〉의 저자로 미국의 소설가이자 수필가인 브렌다 피터슨(Brenda Peterson)은 이렇게 말한다.

"우리 모두 각자 각자대로 제 영역을 주장한다. 전통 인습적으로 남자들은 숫기 수컷 냄새를 피워, 노래로 아니면 무기나 힘자랑으로 '이건 내 거다. 발 들여놓지 마라. 혼나고 싶지 않거든!' 텃세를 부려왔다. 그런 반면 여자들은 집을 아름답게 가꾸고 집 주위의 나무들에 색색이 수건들을 매달아 바람에 나부끼게 함으로써 그들이 사는 공간을 소유 점유해 왔다. 오늘날에도 각 대륙의 토착원주민들이 집 가까이 제단을 쌓고 그들을 보호해 줄 신령들께 경배하듯이. 벌써 여러 해를 두고 우리 지구의 환경보호론자들은 전 세계 지구촌 전부가 우리 집이란 점을 우리에게 일깨워 주고 있다. 이 '집'을 떠날 수도, 벗어날 수도, 그 아무 것도 이 집 밖으로 내버릴 수 없다는 엄연한 사실을. 여기 이곳에 있기를 배워야 한다. 여자들이 그들의 가정을 보살피듯 세계를 잘 건사하고 남자들이 세상을 주름 잡듯 그들의 집안일에 열심과 열성을 낼 수 있다면 그 얼마나 좋고 훌륭한 삶을 우리가 살 수 있을까!"

영국 종교철학자요 문화사가 크리스토퍼 헨리 도슨(Christopher Henry Dawson 1889-1970)은 1929년 그 당시 이미 중증에 걸린 서구식 기계문명의 병폐를 다음과 같이 지적했다.

"미숙하고 거칠며 추악한 현대 유럽 서구의 생활방식에 따른 삶이란 자연환경과의 불충분하거나 잘못된 관계를 드러내는 징후로서 긴장과 헛된 수고 도로(徒勞), 반란과 폭동, 곧 실패와 궁극적 자멸을 초래할 뿐이다. 기계적으로 작동 운용되는 서양의 생명 없는 물질, 공업문명은 작업상 불필요한 인간의 노동을 제거해버리기 위해 노동자 직공을 기계의 한갓 보조도구 보충물로 전락 도태시킨다. 그러나 유구한 역사와 전통의 위대한 동양문화에서는 이 문화를 계승하고 그 아름다움과 혜택을 계속 창조하고 누리는 일에 모든 사람이 다 동참케 한다. 이것은 밭 갈고 씨 뿌리고 추수하는 일에서와 같이 가장 자연스럽고 전적으로 본능적인 인간의 역할이고 행위일뿐더러 이슬람교의 서기가 그의 온 심혼을 다 쏟은 서예 능서(能書)나 동양사회의 정교 절묘한 예의범절에서 볼 수 있는 것처럼 그 사회 전체의 복리와 이익을 추구 지향하는 공동 사회적 대동단결이다."

어째서 오늘날 우리 사회의 증권 중매인은 서력, 기원 전 10세기경의 그리스의 서사시인 호메로스의 작품 〈일리아드〉나 〈오디세이〉에 나오는 용사 또는 고대 이집트의 사제만큼 아름답지 못할까? 그 이유는 그가 삶으로부터 분리되어 있기 때문이다. 필수 필연적이 못되고 우연 우발적, 거의 기생적 존재인 까닭이다. 어떤 한 문화가 그 존재의 참된 필요성과 가치를 입증할 수 있을 때 그 문화의 모든 분야와 그 분담 수행이 아름다워지리라. 멕시코의 외교관으로 작가 평론가로서 국제적인 명성이 있는 칼로스 푸엔테스(Carlos Fuentes)의 말대로 "고립된 민족과 문화는 멸하나 다른 사람, 다른 문화와 다른 믿음, 다른 인종의 사람들과 어울릴 때 우리는 태어나고 다시 태어난다. 다른 사람들에게서 우리 자신을 발견하지 못하면 우리 자신에게서도 우리 자신을 발견할 수 없으리라."

근시안적이고 소아병적인 서양의 극단적인 개인주의와 이기주의는 인류사회는 물론 전 지구 생태계를 파괴해 오고 있다는 사실이 두말 할 나위 없다면 우리 단학(丹學)의 "인간은 소천지이며 천지는 대인간(一身~小天地 天地~大人)이다"라는 천인합일론적 세계관 아니 우주관으로 자구책(自救策)을 강구할 수밖에 없으리라. 그렇다면 지난 연말 데뷔 10주년 기념 콘서트를 가진 '동방신기(東方神起)'가 앞으로는 '동방신기(東方神氣)'로 데뷔 20주년을 맞게 되기를 축원해 보자.

코스미안 인류가 되어보리

"아흔 살 먹은 사람 앞에서 내가 여든 살 먹었다고 뽐낼 수 없지만 매년 내가 먹는 한 살 한 살을 하나 또 하나의 선물 축복으로 나는 생각한다."

미국의 대표적인 아방가르드 작곡가 존 케이지(John Cage 1912-1992)가 80세가 되기 얼마 전 80세가 되는데 대해 한 말이다. 중세 시대부터 20세기에 걸쳐 발전해 온 음악언어의 틀에서 과감히 벗어나 최소한의 조형 창작 수단으로 제작되는 예술을 일컫는 미니멀리즘(minimalism), 퍼포먼스 아트(performance art) 등 여러 형태의 전위예술의 문을 열어 논, 하나의 음악혁명을 불러일으킨 장본인이 존 케이지다. 따라서 전통주의자들은 그를 예술적 무정부주의자 애너키스트(anarchist)로 보고 그가 현대음악을 오도하여 길 잃은 미아로 만들었다고 하지만 새 음악 팬들에게는 그는 그들의 해방자이다. 그가 작곡한 작품들은 연주자들에게 많은 자유와 재량을 줄 뿐만 아니라 연주 장소나 그 부근에서 생기는 잡음이나 소음까지도 흡수하여 화음 화성 하모니를 이루도록 한다. 그 뿐더러 영어에 없음으로 해서 오히려 더 드러나고 이채를 띤다는 뜻으로 conspicuous by absence란 표현이 있듯이 그의 음악은 많은 분량의 소음(消音)된 침묵과 정적의 무음(無音)과 묵음(默音)을 내포하고 있다.

사람이 아무 소리도 인위적으로 내지 않는 상태에서 언제나 들을 수 있는 소리가 얼마든지 있다며 그런 소리야말로 음악의 일부라기보다 경험 체험 그 자체란다. 연주되는 그의 음악을 들으면서도 작곡가 그 자신이 자기의 곡인 줄 알아보지 아니 알아듣지 못하는 때가 있었는가 하면 사용되는 악기와 연주시간의 길이 등 여러 가지 요소가 달라져도 알아챌 수 있던 때도 있었단다. 1930년대 중반에 2년 동안 그가 사사한 그의 스승으로 미국에 거주한 오스트리아의 저명한 작곡가 아놀드 쇤버는 그의 제자 존 케이지가 '작곡가 아닌 천재적인 발명가'라고 했단다. "쇤버그는 아주 훌륭한 인물이었으나 스승으로서는 제자들을 많이 괴롭혔다. 우리가 선생님이 가르쳐주신 대로 대위법에 의한 곡 카운터포인트(counterpoint)를 작곡하면 '왜 네 멋대로 좀 변경시키지 않았느냐?' 고 호통을 치셨다. 그의 강의록 〈화성법(和聲法)〉을 즐겨 읽고 있는데 그 결론에 가서 '언젠가는 어떤 이론이나 법칙도 있을 수 없는 화성법 하모니가 나올 것'이라고 하신 말씀이 더할 수 없이 마음에 든다"고 케이지 씨는 그의 생전에 술회했다. 그도 그럴 만한 것이 마치 새장 속에 갇혀 있는 새처럼, 그를 언제나 늘 괴롭혀 온 새장 같은 화성법 법칙을(어쩌면 그의 이름 케이지[Cage]탓이었는지 몰라도)을 그가 너무 중대시 할 필요 없음을 깨닫게 해준 까닭에서이리라.

양반과 상사람, 반상(班常)계급으로 우리 조상들도 나뉘었던 것 같이 왕족, 귀족, 지주 계층과 소작인 농민으로 구분되었던 전통적인 유럽 사회에서는 문화예술이 '미술(fine art)'과 '민속(folklore)'으로 분류되었다. 그 전통이 그대로 이어져 오늘날에도 서구예술은 일종의 귀족적인 엘리트로 높임을 받고 그 이외의 문화는 간혹 일시적인 호기심의 대상 일 뿐, 원시적 야만적 통속적이고 비속(卑俗)한 풍습으로 천시되고 무시당해 왔다. 한국에서도 요즘은 많이 나아졌겠지만 서양의 고전음악 클래식은 우대하면서도 우리나라 고유의 판소리 국악이나 민요 그리고 뽕짝 대중가요는 천대해오지 않았나. 서구 백인들이 월등 우세한 화력(火力)으로 세계를 정복한 강자의 문화를 무조건 숭배하고 모방하려는 수많은 비백색 '골빈당'들에 의해서 종교, 사상, 문학, 음악, 미술, 무용, 영화, 연극, 출판, 의상 등 모든 분야에 걸쳐서 말이다.

이러한 눈 뜬 장님 아니 색맹들의 눈꺼풀과 색안경을 벗겨 줄 새로운 "생각하는 초유의 박물관"이 최근에 생겼다. 미국의 민속 인류학자 알란 로맥스(Alan Lomax 1915-2002)가 그의 평생을 두고 60여 년 동안 미국은 물론 영국, 스페인, 이탈리아, 아프리카, 소련연방, 커리비언 등 세계 각 지를 다니며 민속음악을 녹음하고 기록한 자료들로 만든 전 세계적 인류문화의 만화경이라 할 수 있는 "글로벌 쥬크박스(Global Jukebox)"다. 이 쥬크박스(jukebox)란 지금은 골동품이 된 동전투입식 자동 컴퓨터, 비디오, 전축을 가리키는 말이다.

2004년 미국의 국회도서관(Library of Congress) 부속 미 민속센터(American Folklore Center)에서 그가 수집한 모든 자료를 구입했고, 그가 타계한 지 10년이 지나 5천 시간 분량의 녹음, 40만 피트의 필름, 3천 개 비디오테이프, 5천 장의 사진과 원고들을 디지털화, 계수화(計數化)하여 온라인으로 접속해 약17,000 음악 트랙의 무료 스트리밍(free streamking)이 가능케 되었다. 그가 살아 있었다면 그의 97회 생일이었을 2012년 1월 31일 세계민속음악선집(The Alan Lomax Colletion) "LOMAX AROUND THE WORLD 1947-1982"가 출시됐다. 인터넷이 존재하기 오래 전에 그가 마음속에 그리고 상상한 "글로벌 쥬크박스(Global Jukebox)"가 실물화 된 것이다. 말하자면 세계문화의 만화영화 같은 이 '글로벌 쥬크박스'는 우리가 인류역사의 근원을 되찾아보고 여러 인종 종족 부족 사이의 문화가 어떻게 서로 상호작용해 왔는지 비교 검토해 인간행위 곧 인류문화의 여러 형태와 양상을 살펴볼 수 있게 해준다.

이 시스템은 통계적인 인류문화 백과사전으로 여러 문화의 각양각색의 노래와 춤을 통해 오케스트라 같은 사회구조와 생활양식을 시각적으로 또 청각적으로 여실히 보여준다. 예를 들어 서아프리카 기니 해안지방의 자료들은 사하라 사막 남쪽 흑인문화의 견본으로 이것이 소위 신세계(다만 서구 백인들 입장에서 볼 때) 미대륙에 노예로 끌려 온 후 흩어진 흑인의 '디애스퍼러(diaspora)로 연장된 '애프로 어메리카(Afro-American)' 흑인문화임을 알려준다. 이 시스템을 통해 사람들은 여러 다른 지리 역사 문화 사이의 중요한 연줄과 그 깊은 문화적 뿌리를 찾을 수 있다며 로맥스 씨는 그의 생전에 이렇게 말했다. "미국 흑인들의 '미시시피 블루즈'라 불리는 우울한 곡조의 재즈곡은 수천 년을 두고 유라시아 구아(歐亞)와 아시아에서 폭정에 시달려 온 백성들의 신음소리에서 유래했고, 유럽의 클래식 고전 음악은 아프리카와 동남아시아의 아주 키가 작은 왜소 종족들(Pygmies)의 '대위법'적 합창에서 전래한 것임을 알 수 있다"고 한다. 그러면서 당시 일흔 일곱 살 희수(喜壽)의 로맥스 씨는 이 도구를 통해 그 동안의 편차를 수정하고 '문화적인 형평'을 찾아야 한다며 "세계의 모든 다른 문화에 대해서도 관심과 흥미를 갖게 될 때 우리는 시야와 시계(視界)를 넓혀 참된 우리 자신을 발견할 수 있다"고 강조했다. 우리말로 '우물 안 개구리' 신세와 '도토리 키 재기' 놀음 졸업하고 진정한 세계인 지구인 우주인 '코스미안' 인류가 되어보자는 뜻이리라.

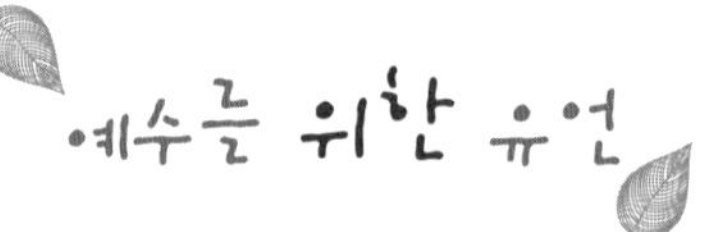

몇 해 전 뉴욕 시내에는 곳곳에 아주 인상적인 포스터가 나붙었다. 에칭 식각법으로 부식한 동판화로 만든 예수 상반신 그림에 다음과 같은 광고 문안을 넣은 것이었다.

"당신은 어떻게 일요일에는 '집 없는 자'에게 경배 또는 예배를 드리면서 월요일부터 토요일까지는 그를 못 본 체 무시할 수 있습니까?"

여기서 '집 없는 자'란 두말 할 것도 없이 신약성서 '마태복음'에서 예수가 스스로를 비유해 말했다는 예수 자신을 뜻하는 것이었다.

"예수께서 무리가 자기를 에워쌈을 보시고 저편으로 건너가기를 명하시니라. 이때 한 서기관이 나아 와 예수께 말하되 선생님이여 어디로 가시든지 저는 좇으리다. 예수께서 이르시되 여우도 굴이 있고 공중의 새도 거처가 있으되 오직 인자는 머리 둘 곳이 없다 하시더라."

이 포스터는 피터 코헨이란 한 예술가가 수많은 뉴욕의 집 없는 무숙자(homeless)들을 돕기 위해 만든 것이라 했다. 이런 포스터를 보면서 30여 년 전 영국 신문에서 읽은 기사 하나가 떠올랐다. 그 기사는 그 당시 죽으면서 자기의 전 재산을 앞으로 재림할 예수님 앞으로 유증(遺贈)한 사람 이야기였다. 재림하셨을 때 '주님'께서 헐벗고 굶주리시는 일 없도록. 영국 남부의 해항도시 포쓰무쓰에 살던 어네스트 딕위드란 사람이 그 당시 영국 돈으로 30만 파운드의 재산을 재림할 예수에게 남긴다는 유언을 했다. 따라서 유언 집행인으로 지정된 영국정부 기관인 공공피신탁관재청에서 영국 고등법원의 재가를 얻어 재림할 경우 예수가 유산 상속자가 되도록 법적 조치를 취한 것이었다. 그것도 보험회사까지 동원한 빈 틈 없는 조치였다. 앞으로 재림할 예수를 피상속인으로 지정한 이러한 유언은 무효로 취급해서 유언이 없었던 경우처럼 그의 재산을 분배해 달라는 유족들의 요청을 '이유 있다'고 받아들일 수 있는 만일의 경우에 대비해서 런던의 로이드 보험회사를 통해 보험까지 든 것이었다. 그래서 예수가 재림할 경우 이 보험회사에서 예수에게 30만 파운드를 지불토록 한 것이었다. 딕위드 씨는 그의 유언에서 자기의 목돈 원금 30만 파운드를 연 12.5%의 이자 증식이 되는 데 투자했다가 그가 죽은 지 21년 째 되는 해에 예수가 이 세상에 다시 나타나면 원금과 이자를 합한 32만 4천 백 15

파운드를 예수에게 지불해 달라고 했다.

죽기 전 그는 신약성서의 '요한계시록'을 읽고 면밀하고 치밀한 계산을 해서 따져 본 결과 예수의 재림이 그 때로부터 22년 후로 임박했다고 믿게 된 것이다. 어떤 특별한 사정과 이유에서든 예수의 재림이 지연될 경우에는 원금은 계속 예수를 위해 놔두고 이자는 나라에 귀속시켜 달라고 했다. 예수가 다시 살아 돌아오지 않아도 이 유산 상속 조건이 80년 동안은 유효하다고 했다. 16세기에 제정된 영국의 재산 상속법에 따라 80년이 지나면 그 때 가서 그의 가장 가까운 친척 후손에게 재산이 넘어가게 된다고. 한편 재림할 예수에게 보험회사에서 지불할 보험금 32만 4천 파운드의 5%인 천 6백 20파운드를 보험료로 지불키로 했다는 것이었다. 그런데 문제는 재림할 예수의 신분을 어떻게 확인하느냐는 것이었다. 벌써 그 당시로 20여명이 스스로를 각기 재림한 예수라고 자칭하면서 보험금을 타먹으려 했다는 기사였다. 이 기사를 보면서 나는 생각해 보았다. 예수가 사람의 탈을 쓰고 지상에 나타난 하느님이었다면 그와 같이 사람 그 중에서도 힘없고 천대 받고 무시당하는 사람으로 또는 동물 심지어는 식물의 탈까지 쓰고 우리 가운데 그야말로 무소 부재하시는 분이 하느님 또는 부처님이 아닐까 하고 말이다.

예수와 엘비스

기념우표까지 나온 미국의 전설적인 로큰롤 가수 엘비스 프레슬리의 머리 미용사 겸 정신적 멘토였던 래리 겔러가 쓴 엘비스 전기 〈내가 꿈 꿀 수 있다면(If I Can Dream)〉에 이런 대화가 나온다.

"사막에서 내가 경험한 일 좀 돌이켜 생각해 봐. 구름 속에서 예수의 그림을 보았을 뿐만 아니라 예수 그리스도가 문자 그대로 내 안에서 폭발했어. 래리, 나였단 말이야. 내가 그리스도였다고. 내가 그리스도인 지 모른다는 생각이 들었어. 엘비스인 동시에 그리스도가 되게 내가 선택을 받았다고 정말 생각했어."

이 말에 겔러가 조용히 말했다. "네가 예수 그리스도란 생각을 했었다는 말을 하려는 거지?" 그러자 엘비스가 씩 웃었다. 그러고 보니 우연의 일치인지는 몰라도 두 사람 사이에 유사점이 없지

앉아 있는 것도 같다. 한 사람은 '로큰롤의 왕'이고 또 한 사람은 '유태인의 왕'으로서 다음과 같은 것들이 있다.

예수 가라사대 "네 이웃을 사랑하라" 했다면 엘비스도 가라사대 "잔인하지 말게(Don't Be Cruel)"라고 노래했다. 두 사람 이름이 영어로 각기 열 두 글자다. Jesus H. Christ와 같이 Elvis Presley 도 각기 열 두 글자다. 예수 가라사대 "사람이 빵으로만 살 것이 아니라"(마태복음 4장 4절)면 엘비스는 땅콩버터를 바른 바나나 샌드위치를 즐겨 먹었다. 예수에게 "저들이 돌을 들어 치려하거늘"(요한복음 9장 59절) 했듯 엘비스에게도 사람들이 종종 비난의 돌을 던졌다. 예수가 하느님의 양(the Lamb of God)이었다고 할 것 같으면 엘비스는 양고기를 즐겨 먹었다. 예수가 성부, 성자, 성신 삼위일체의 일부였다면 엘비스의 첫 악단 밴드로 3인조였다. 예수가 물위로 걸었다(마태복음 14장 25절)면 엘비스도 파도를 탔다. 영화 〈푸른 하와이(Blue Hawaii)〉에서 예수가 목수였다면 엘비스도 고등학교 때 목공과목을 택했다. 예수를 수행한 제자가 12명이었다면 엘비스의 수행단 멤피스 마피아도 12명이었다. 예수의 여인 마리아가 무염시잉모태(無染始孕母胎-immaculate conception)했다면 엘비스의 여인 프리실라도 무염시잉모태 고등학교(Immaculate Conception High School)를 나왔다. 예수가 부활했다면 엘비스도 1968년에 그 유명한 복귀특별공연(Comeback Special)을 '하느님의 아들(Son of God)' 태양스튜디오(Sun Studio)에서 가졌다. 예수의 생일이 12월 25일로 별자리가 염소자리이듯이 엘비스의 생일도 1월 8일로 같은 별자리 Capricorn이다. 예수의 그 형상이 번개 같고 그 옷은 눈 같이 희었다(마태복음 28장 3절)면 엘비스의 등록상표도 눈 같이 흰 바탕의 점프수츠에다 천둥 번개를 넣은 것이다. 예수가 유태인이었듯이 엘비스도 그의 어머니 쪽으로 유태계이다. 예수의 아버지가 무소부재이듯이 엘비스의 아버지도 산지사방으로 떠도는 떠돌이였다. 예수가 제자 토마스를 의심했듯이 엘비스도 '의심하는 마음(Suspicious Minds)' 이란 노래를 불렀다. 예수가 그의 무덤 문 앞에 놓였던 바윗돌이 저절로 굴러 물러나게 했다(마가복음 16장 4절)면 엘비스도 '바윗돌을 굴리는(Rock 'n' Roll)' 가수였다.

열거한 이상의 유사점들은 샌프란시스코에서 발행되는 격월간지 〈코(The Nose)〉 제 10호에 실린 에이 제이 제이콥스 씨의 글 일부를 뽑아 우리말로 옮겨 본 것이다.

어느 한 공주의 죽음

지금으로부터 30여 년 전 세계적으로 크게 물의를 일으켰던 TV 드라마가 있었다. 영국에서 만든 〈어느 한 공주의 죽음〉이었다. 사우디아라비아 공주와 그의 애인이 간통죄로 사형당한 실화를 소재로 만든 이 TV 극영화가 1980년 영국에서 처음 방영된 후 일어난 국제적인 논란이 서양 사람들에게는 한낱 '찻잔 속의 폭풍' 같이 대수롭지 않았을지 몰라도 아랍 사람들에게는 회교도를 심하게 모욕한 사건이었다. 어쩌면 이 사건이 아랍인들 특히 팔레스타인 사람들의 억울함을 대변해 줄 '러셀법정'을 대신했는지 모르겠다. 이 영화의 여주인공 미샬 공주는 이슬람교라는 보이지 않는 경계 안에서도 밖에서도 살 수 없었다. 이 비극적인 공주의 운명은 동양과 서양이 만나 충돌하는 그 소용돌이에 말려든 아랍인들의 운명을 상징한다고 볼 수 있을 것이다.

'대자대비한 알라' 신을 부르면서 회교 사원으로부터 사람들이 몰려나온다. 죄인들이 처형당하는 것을 보기 위해서다. 이들은 사형당하는 공주의 눈동자에 비친 자신들의 모습을 보았을지도 모를 일이다. 나라와 땅을 뺏긴 팔레스타인 사람들은 죽을 각오 외에는 다른 아무 표정도 없는 공주를 용감무쌍한 한 독립운동가로 상상했을 것이고, 광신적인 이슬람교도들은 '죄 값을 치르는 나를 보라'고 행동으로 말하는 공주를 한 순교자로 보았을 것이다. 두 사람의 증인 진술이 똑 같았다. 영국의 대 문호 윌리엄 셰익스피어 역시 아랍인이었던 '오텔로'가 말한 것 같이 공주는 갈보였다. 따라서 마땅한 벌을 받는다고 신경질적으로 한 시녀가 궁중생활을 얘기한다.

"온 종일 종들 말고는 아무도 움직이지 않아요. 낮 열두 시 전에 아무도 잠자리에서 일어나지 않고요. 그럼 뭣들 하느냐고요? 아무 것도 안 하지요. 그럼 운동도 안 하느냐고요? 물론 하지요. 성교행위를. 텔레비전을 줄곧 켜놓고 '사운드 오브 뮤직'같은 카세트 곡을 열 번, 스무 번씩 듣고 팝가요 인기곡을 런던서 비행기로 실어 오고. 미샤 공주가 즐겨 듣던 노래는 '나를 위한 입맞춤'이었지요. 이 노래는 수도 없이 들었어요."

또 한 시녀가 말한다. "공주에게 어떤 특권과 자유가 있었느냐고요? 섹스였었지요." 공주들은 복잡하고 위험한 성생활을 한단다. 이들의 경우 남자가 여자를 고르는 것이 아니고 여자가 남자를 고른다. 남자가 여자를 고를 수 없는 것은 여자가 얼굴에 쓴 베일 때문이란다. 사막에 길이 나 있고 매력 있는 남자를 발견하면 그 남자의 자동차 번호판 번호를 적어 두었다가 자기 운전기사를 시켜 접촉을 한단다. 가엾은 것, 다른 공주들 몫까지 대신해서 벌 받는 것이란다. 미샬 공주는 텔레비전에서 본 기타 치는 남자와 정을 통하다가 들켰단다. 재판도 받지 않고 "나는 간통했습니다." "나는 간통했습니다." "나는 간통했습니다." 세 번의 자백으로 충분했다. 영화 화면으로 계속 반복되는 영상이 있었다. 언제나 운전기사가 모는 고급 승용차를 타고 안락한 뒷좌석에 앉아 검은 베일로 얼굴을 가린 여인들, 눈부신 불빛 속에 춤추는 남자들을 보면서 상대를 골라잡는 남자 사냥꾼들이었다.

내가 이 실화 극영화를 본 기억으로는 너무도 운명적으로 또 희, 비극적으로 여자는 모래더미 앞에 세워진 채 총살당하고 그 여자의 먹이였던 남자는 공중 주차장에서 참수 당한다. 〈어느 한 공주의 죽음〉이 아랍산 기름의 아이러니였을까? 그렇지 않다면 인생의 허다한 아이러니 가운데 하나라고 할 수 있겠지. 하지만 한 방울의 기름을 신기루가 아니라면 하나의 거울로 삼아 우리 자신을 반성해 봄 직 할 것 같다. 보는 사람의 관점이 어떻든 간에 이 TV극영화가 빚은 물의는 동서양을 막론하고 우리 인간사회에 만연한 온갖 위선과 독선에 찬 편견과 선입견을 잘 드러냈다 할 수 있을 것이다. 특히 세속화될 대로 세속화되고 상업화된 기독교와 깊은 환멸에서 부흥을 꿈꾸는 회교 사이에서 말이다. 그 당시 사우디아라비아가 그토록 강한 반응을 보인 것은 이 영화가 사우디 왕실의 치부를 다뤘기 때문인지 모른다. 그렇다 해도 좀 더 깊이 관찰해 보면 그 동안 오래도록 쌓여 온 분노가 터졌을 수도 있다. 흔히 서양의 신문 잡지 특히 TV 화면에 조롱조로 우스꽝스럽게 비친 아랍 사람들의 모습이 그들에게 얼마나 모욕적이었을까? 이것은 비단 아랍 사람들에게만 국한된 것이 아니고 세계의 모든 유색인종들이 다 같이 느껴온 수모 일 것이다.

오늘날도 우월감에 사로잡힌 많은 백인들이 유색인들을 원숭이나 야만인으로 취급하는 오만방자한 태도 때문일 것이다. 다반사같이 일어나는 살인, 강도, 강간, 폭력, 마약으로 병들대로 병든 서구사회 백인들이 회교국 아라비아 사회를 비판하고 비난하는 것이 아랍 사람들에게는 아마 그야말로 똥 묻은 개가 겨 묻은 개 나무라고 흉보는 것으로 보일 것이다. 서양의 백인들이 정의를 운운할 때처럼 아랍 사람들을 분노케 하는 일은 없을 것이다. 거미줄에 걸린 나비처럼 몸부림치다 처참한 죽음을 맞은 공주의 운명과 백인들 농간에 맥없이 희생된 팔레스타인 사람들의 운명이 비슷하다고 보는 사람도 있었겠지만 이 비유는 맞지 않다고 많은 아랍인들은 말할 것이다. 한 가지 크게 다른 점은 공주는 이슬람교의 법률을 알면서 어겼다는 것이다. 간통하다 들키면 그 벌이 사형이란 것을 잘 알면서 그 법을 어긴 것이다. 스스로 자초한 운명이 가혹하긴 했지만 이슬람교의 법률상으로는 엄격한 의미에서 사회정의가 이루어진 것이다. 반면에 팔레스타인 사람들은 아무런 법도 어긴 것이 없는데 결코 자초하지 않은 벌을 받게 된 것이다. 공주의 운명은 극히 야만적인 비극으로 느끼면서 팔레스타인 사람들의 억울함에는 전혀 아랑곳하지 않는 서구 사람들에 대해 아랍 사람들이 어떻게 느낄는지 상상하고도 남을 일이다. 그들은 가슴으로 울부짖을 것이다. 공주는 이미 죽었지만 아직 살아 있는 수많은 팔레스타인 사람들은 제 나라 제 땅에서 사람답게 살 권리와 자유를 박탈당하고 있다고. 왜냐하면 세계이차대전 이후 미국의 역대 대통령들이 하나같이 유태인들의 돈과 표를 필요로 하기 때문이라고.

이와 같이 사우디아라비아에서 간통으로 처형당한 공주의 죄와 벌에 대해 각자 어떻게 느꼈던 간에 모든 아랍 사람들이 볼 때는 팔레스타인 사람들에게 취한 서구 백인들의 행동이야말로 더할 수 없이 야만적인 만행이라고 밖에 할 수 없을 것이다. 서양의 백인들 특히 유태인들이 자기네만 옳고 잘났다고 '혼자 잘났어, 정말' 자기네 주의 주장만 진리라고, 자기네가 믿는 종교만 참 종교라고 큰소리치는 것은 온당치 못하고 지혜롭지 못할 뿐만 아니라 주제넘고 위험천만하기까지 하다. 이러한 유치무쌍한 정신 상태야말로 서양문화의 천박성과 미숙함을 드러내고 모든 다른 사람들을 적으로 만들 뿐이다. 세계 도처에서 그 동안 억압받고 착취당해 온 사람들이 특히 중동과 아프리카에서 백인들의 인종적, 종교적 독재와 횡포에 항거, 봉기하고 있는 것은 너무도 당연하다. 하루 속히 백인들도 인격적으로 정신적으로 영적으로 성숙해서 치졸한 우월감을 졸업할 때 그리고 이들이 더 이상 함부로 못된 짓 하지 못하게 또 버르장머리 없이 굴지 못하도록 모든 유색인종들이 서로 다투지 말고 단결해서 힘을 모아 본때를 보여줄 때 비로소 모든 사람의 인권이 존중되는 진정한 '자유세계'가 찾아 올 것이다. 이런 뜻에서 〈어느 한 공주의 죽음〉이 우리 모든 평민 가운데 눈의 가시처럼 존재해 온 귀족과 왕족의 종말을 고하고 모든 편견과 고정관념의 끝장을 보게 해주었더라면 얼마나 좋았으랴.

하나의 산 설교

미국의 저명한 심리학자 스티븐 버글라스 박사(Dr. Steven Berglass)는 10여 년 동안 집중 연구 조사해본 결과 미국 사회 각계각층에서 크게 성공했다가 그 성공 때문에 패망한 사람들의 공통되는 네 가지 약점을 발견했다며 이를 1986년에 나온 그의 저서 〈성공 증후군(The Success Syndrome)〉에서 밝혔다.

첫째, 교만과 자만심. 둘째, 주위의 사람들로부터 괴리. 셋째, 상습적인 투기성 도박심리. 넷째, 그칠 줄 모르는 바람기를 들었다. 이와 같은 '성공병'의 치유책으로 "인디언이 되지, 추장이 되지 말 것"을 그는 권한다. '독불장군'이 되지 말고 모든 이웃 사회 전체에 기여하고 이바지하는 일원이 되라는 뜻이다. 그러면 다른 사람들을 이용하고 착취하지 않게 된다는 것이다. 그의 말대로 이럴 때 우리는 실로 가장 건전하고 행복한 '성공'의 보람을 느끼고

'실패'를 모르는 성공의 열매를 모든 이웃과 나누는 기쁨을 맛 볼 수 있으리라. 미국의 법률가요 정치지도자였던 로버트 그린 잉거솔(Robert Green Ingersoll 1833-99)의 신조를 우리도 공유할 수 있지 않을까

"내 신조는 다음과 같다. 행복이 유일한 선이다. 행복해야 할 곳은 내가 살아있는 바로 이 자리이고, 행복해야 할 때는 내가 숨 쉬고 있는 바로 이 순간이다. 그리고 내가 행복할 수 있는 길은 다름 아니라 다른 사람들을 행복하게 하는 것이다."

아인슈타인의 말처럼 우리도 '성공한 사람이 되려고 노력하기보다 가치 있는 사람이 되도록 힘써야' 하리라. 그러기 위해서는 다음과 같은 말에 귀 기울일 필요가 있을는지 모르겠다. 랍비(rabbi)라 불리는 유태의 율법박사 모세 리브 선생이 말하기를,

"인간이 타고 난 어떤 자질이나 능력도 아무 목적이나 의미 없는 것이 없다. 심지어 가장 비열하고 못된 성품까지도. 예를 들어 신(神)의 존재를 부정하는 것조차 그 어떤 선행을 통해 승화시킬 수 있다. 이를테면 누가 네게 도움을 청할 때 너는 신앙이 돈독하고 경건한 말투로 그 사람더러 '믿음을 갖고 네 모든 어려움을 신에게 맡기라' 하면서 그를 따돌리지 말고 마치 신이 없는 것처럼, 그를 도울 수 있는 사람은 세상에 딱 한 사람 곧 너 자신밖에 없는 것같이 행동하라."

몇 년 전 나는 뉴욕의 스타튼 아일랜드에 있는 성(聖) 빈센트 병원 산부인과 대기실에서 다음과 같은 글이 벽에 걸려 있는 것을

유심히 보았다.

'어느 날이고 설교를 듣기보다 보기를 나는 원한답니다. 내 갈 길을 가르쳐주기보다 나와 함께 동행해주는 그런 가르침을. 당신이 보여주면 나도 곧 어떻게 할지 배울 수 있기 때문이지요. 당신의 손 움직임을 내가 잘 보고요. 하지만 당신의 혀 놀림은 너무 빨라 내가 따라갈 수 없군요. 당신 말하는 것이 모두 다 매우 지혜롭고 옳은 말씀이겠지만 나는 당신의 몸가짐을 보고 생생한 교훈을 얻고자 하지요. 내가 비록 당신을 잘 모르고 당신의 말씀 다 이해 못한다 해도 당신이 실제로 어떻게 행동하고 어떻게 사는 것에 대해서는 오해란 있을 수 없을 테니까요.'

이상과 같은 글이 다른 데도 아닌 병원에 걸려있다는 사실이 흥미로웠다. 우리 말에 '병 주고 약 준다.'는 말이 있지만 약 중에도 마약 같은 것은 병중의 병, 만성 고질병을 가져오는 중독성이 있지 않은가? 예를 들자면 일주일에 한두 번 천주교 성당이다, 개신교 교회다, 회교 사원이다, 유태교 회당이다 하는 곳에 모여 '십자가'니 '성모 마리아' 상이니 '구세주 예수'의 조각 등을 이용, 실행 대신 구두선(口頭禪)같은 설교나 듣고 자기 세뇌, 자기 최면에 걸려 지난 한 주 동안에 사람으로서 못할 짓 한 것에 대한 자책감 또는 수치감 내지는 죄책감을 간단하고 편리하게도 '예수의 피'로 깨끗이 씻어버리고 '속죄 받았다'는 가볍고 개운한 마음과 기분으로 지난주에 저지른 과오와 잘못을 다음 주에 되풀이 하는 것 말이다. 우리말에 '콩 심은 데 콩 나고 팥 심은 데 팥 난다' 하듯이 뿌린 대로 거두고 애를 배고 낳는 산고를 치른 다음에야 옥동자 옥

동녀를 볼 수 있지 않은가. 물론 상상임신이나 임신망상도 있다지만 다 순산하는 것 아니고 유산이나 사산도 있을 수 있으며 심하게는 기형아나 저능아를 출산할 수도 있다.

그렇다면 무엇보다 먼저 우리 모두 타고난 생김새부터 살펴 볼 일이다. 제대로 태어난 사람이면 누구나 다 눈과 귀, 손과 발은 둘씩이지만 입과 혀, 가슴과 머리는 하나씩이 아닌가. 언젠가 한국에서 '생명운동'이 시인 모씨의 선도로 전개되고 있다는 기사를 봤는데 생명을 해치고 단축시키는 담배를 피워대면서 '생명운동'을 한다면 아직 태어나지도 않은 엄마 뱃속 생명의 씨앗들이 다 배꼽을 움켜잡고 웃다 죽을 일이다. 우리 모두 너 나 할 것 없이 다 공염불은 어서 그만 둘 일이다.

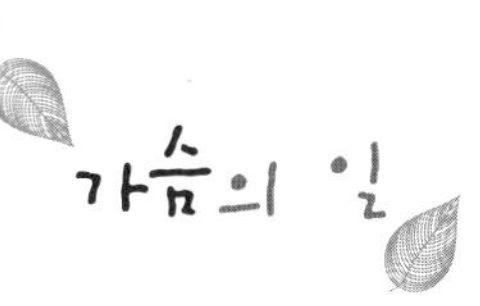

가슴의 일

세상엔 정말 거짓말처럼 들리는 신화(神話)같은 인화(人話)도 많고 소설 같은 대설(代說 또는 大說)도 흔히 있는 것 같다. 그 실례 하나 들어 보자. 이것은 외국의 실화이지만 이런 얘기는 고금동서 언제 어디에서나 있는가 보다. 사람들이 믿거나 말거나. 여러 해 전 내가 영국에 살 때 영국 신문에서 본 기사이다.

92세 할아버지가 증손녀뻘 되는 20세 부인에게 임신까지 시킨 꿈같은 이야기다. 허비 알베르토는 3년 전 당시 17세의 처녀와 결혼하는데 성공, 3년 간 단꿈에 젖은 신혼생활 끝에 신부가 임신을 했다는 것이었다. 알베르토 노인과 신부 마리아의 만남은 마리아가 고등학교 재학 시절 자원봉사자로 포르투칼 수도 리스본의 한 병원에서 일하면서였다. 그는 당시 부인과 사별한 후 11년째 독신생활을 하던 중 욕조에서 미끄러져 엉덩뼈를 다치면서 병원신세를 지고 있었다. 퇴원한 후에도 노인은 소녀의 따스한 손길과 포근 사근한 미소를 잊을 수 없어 수화기와 펜을 들었다. 전화와 편지로 '그대는 내가 지금까지 본 여인 중에 가장 아름답다"고 넉살을 부렸다. 소녀는 노인이 의지할 데 없어 그러려니 생각하고 전화로 말동무가 되어 주기도 하고 위로의 답장을 쓰게 되었다. 그러자 노인은 사랑한다는 메시지와 함께 꽃과 선물을 보내오기 시작했다.

"이상한 일이었어요. 끝없이 보내오는 선물과 열정적인 구애에 제 마음이 움직이기 시작했어요." 마음을 굳힌 마리아가 가족에게 자기 결심을 밝히자 그 반응은 불문가지였다. "네 할아버지가 되고도 남을 노인에게 시집가겠다니 말이 되느냐. 다시 한 번 잘 생각해보라"는 것이었다. 그러나 마리아의 마음은 요지부동. 아무도 말릴 수 없었다. 결국 두 사람이 서로가 좋아 결혼을 하게 되었으나 마리아는 처음부터 아이를 갖는다는 것은 상상조차 하지 않았다. 책을 통해 남자 나이가 80이나 90세가 되면 정자수가 크게 줄어 임신이 불가능하다고 알고 있었기 때문이다. "그런데 막상 겪고 보니 그게 아니었어요. 밤만 되면 그는 나를 흥분의 도가니로 만들어 놓은 거예요. 침실에서 그는 젊음이 부럽지 않은 청춘이니까요." 20세 부인의 말이다. "젊은이 이상으로 나에게 힘을 솟구치게 한 장본인은 바로 마리아이지요. 이처럼 아름다운 여인을 아내로 맞게 된 나야말로 세상에서 가장 행복한 남자"라며 92세 남편 허비는 그의 굵은 엄지손가락을 꼿꼿이 고추 세워 싱글벙글 이란다.

1993년에 개봉된 미국영화 〈잠 못 이루는 시애틀 남자(Sleepless in Seattle)〉가 있다. 이 영화는 1957년에 개봉된 옛날 영화 〈잊을 수 없는 일(An Affair to Remember)〉에서처럼 뉴욕의 엠파이어스테이트빌딩에서 만나기로 한 약속을 극적으로 다룬 감동적인 로맨스 러브스토리다. 〈잊을 수 없는 일〉에서는 남녀주연배우 케리 그란트와 데보라 커가 대서양을 횡단하는 유람선에서 만나 서로 사랑하게 된다. 그러나 이들은 각기 약혼자가 있는 몸이다. 배의 행선지 미국에서 기다리고 있는 상태였다. 배가 입항하기 직전 두 사람은 6개월 후 엠파이어스테이트 빌딩 꼭대기 전망대에서 만나기로 약속하고 헤어져 마중 나온 약혼자 품에 부자연스럽게 안긴다. 그 동안 직업도 없이 백수건달로 살아 온 케리는 엄청난 유산상속녀를 마다하고 극장 간판 그림 그리는 일을 맡아 열심히 일하면서 틈틈이 옛날에 그가 그림을 좀 그려본 솜씨를 다시 살려 데보라의 초상화를 그린다.

한편 데보라는 그녀가 전에 나이트클럽에서 밤무대가수로 노래부르다 만난 재벌 사업가 약혼자에게서 떠나 옛날의 무명가수생활로 돌아가 돈을 번다. 돈 없는 케리와 새 출발 하기 위해서다. 드디어 6개월이 지나 약속된 장소에서 케리가 밤늦도록 기다려도 데보라는 나타나지 않는다. 서둘러 급하게 달려오다 엠파이어스테이트빌딩 바로 앞길에서 차에 치어 병원으로 실려 간 것이다. 이런 사실을 모르는 케리는 실연당한 남자로 한동안 방황하던 끝에 전화번호부를 통해 데보라의 주소를 알아내고 크리스마스이브에 데보라를 찾아온다. 〈잠 못 이루는 시애틀 남자〉에서는 어느 크리스마스이브에 시애틀에 사는 여덟 살짜리 남자 어린애가 라디오 프로그램 진행자에게 전화를 걸어 자기 아빠의 부인될 사람을 좀 찾아달라고 호소한다. “왜? 엄마가 없느냐?”고 묻자 일 년 반 전에 그의 엄마가 세상 떠난 이후로 돌아가신 엄마만 생각하고 슬퍼하시며 너무 외로움을 타시는 아빠를 그가 더 이상 볼 수 없어서란다. 전국으로 전파된 이 생방송을 들은 미국 전 지역의 수많은 여성들이 전화를 걸어오고 편지를 보내온다. 그 가운데서 제 맘에 드는 여자를 딱 한 사람 골라 이 꼬마가 답장하기를 오는 2월 14일 성(聖) 밸런타인 날에 엠파이어스테이트빌딩 전망대에서 만나자고 한다. 답장을 받은 여자는 또한 약혼자가 있는 볼티모어의 한 신문기자다. 아빠보고 같이 가자고 아무리 졸라도 아빠가 말을 안 듣자 꼬마는 제 저금통을 털고 그래도 모자라서 이웃에 사는 제 여자 친구 소꿉동무의 돈까지 얻어 겨우 비행기 표와 택시 값을 마련, 혼자 나타나 기다린다. 이 여자 저 여자의 이름을 물어 확인하면서.

여기자는 꼬마의 편지를 받아보았으나 어린애 장난으로만 여겨 잊고 있다가 마침 약혼한 남자로부터 결혼반지를 받고 저녁 식사를 하던 중 창 밖으로 멀리 바라보이는 불 켜진 엠파이어스테이트빌딩 야경 속에 가슴 모양의 하트 그림이 뚜렷하게 돋보이는 순간 아차 저기서 어쩌면 그 어린애가 자기를 기다리고 있을는지 모른다는 생각에 결혼반지를 남자에게 되돌려주고 택시로 달려간다. 그러나 시간은 이미 늦어 마지막 관광객들이 엘리베이터를 타고 내린다. 시간이 다 되었다고 못 올라가게 하는 직원에게 사정사정해서 엘리베이터를 타고 올라가 보니 전망대에는 아무도 없다. 그런데 우연히 누가 놓고 간 어린 아이 배낭이 눈에 띄지 않는가. 열어보니 그 꼬마가 편지에 말한 곰 인형이 반기듯 튀어 나온다. 뒤늦게 꼬마가 없어진 것을 알고 뒤좇아 온 아빠가 꼬마를 안고 마지막 엘리베이터를 타고 내려왔다가 놓고 온 배낭을 찾으러 다시 올라온다. 인기 배우 톰 행크스와 멕 라이언의 연기가 정말 가슴 메어지도록 눈물을 짜낸다. 아, 그래서 프랑스어로 정사(情事), 로맨스를 '가슴의 일(Affaire de Coeur)'이라 하나 보다.

여성에게 바치는 헌사(獻詞-獻辭)

〈자줏빛(The Color Purple)〉 등을 쓴 미국의 인기 흑인(African-American) 여류 퓰리처 상(Putlitzer Prize) 수상작가(소설가/시인) 알리스 워커(Alice Walker 1944~)의 1992년에 나온 소설 〈남모르는 기쁨을 갖기(Possessing The Secret of Joy)〉 서두 첫머리에 '허물없는 보지에게'란 저자의 헌사(獻詞-獻辭)가 있다. 이것은 여자혐오증 특히 어린 소녀의 외음부 성기를 잘라내는 관습을 다룬 작품으로 저자는 그 에필로그에서 오늘날도 아프리카와 아시아 및 중동지역에 사는 1억 이상의 여성들이 이와 같은 만행의 제물이 되고 있다고 말한다. 이것이 어디 미개사회에서뿐이랴. 미국에서 일 년에 자궁절제수술을 받는 여성이 60만 명이 넘는데 이 가운데 반 수 이상이 불필요한 수술을 받는 것이라고 미국의 한 산부인과 부인병 전문의는 주장한다.

〈여성과 의사들(Women and Doctors)〉의 저자 죤 스미스(John M. Smith) 박

사는 이러한 불필요하고 정당화될 수 없는 수술행위로 지불되는 의사료만 일 년에 10억 달러 이상이라며 의사들이 과다한 보수를 챙기는 반면 불충분한 감독제재를 받고 있다는 현실에 독자의 주의를 환기시킨다. "제왕절개수술 대신 그 대안으로 다른 치료법을 개발하고 사용하는데 의사들이 무관심하고 무성의하다"면서 그는 의사들이 여성환자들을 비인간적으로 잘못 다루는 사례가 비일비재하며 허다하단다. 한번은 그의 한 동료의사가 자기가 진찰한 한 여성의 몸을 '상담 고문의사'로 가장하고 구경하라고 하더란다. '여자가 기막히게 섹시한 몸과 음부(陰部)를 가졌다'면서 말이다. 어쩌면 이런 남성 공통의 약점을 간파해서인지(실토하자면 나를 포함해 많은 소년들이 사춘기 때 장차 커서 산부인과 의사가 되어 마음껏 여자의 '보지'를 봤으면 했던 기억이 있지 않나) "남자가 산부인과 의사가 되어선 안 된다"고 스미스 박사는 선언하듯 언명한다.

여자의 몸을 진찰하는 역할은 응당 당연히 여자에게 속한 것이다. 여성만이 여성을 이해하고 감정이입 할 수 있는데 현재 산부인과 전문의의 80%가 남성이란다. 그 뿐더러 많은 남성들이 부인과를 전문분야로 선택하는 것이 여성을 통제하고 지배할 수 있는 유력한 입장과 유리한 지위를 확보하려는 그들의 잠재의식적인 필요성에서란다.

부인과 전문의는 무엇보다도 예방과 응급, 초기 진료에 치중해야 한다면서 여성의 신체적인 구조나 배란, 임신, 월경 등 생리적인 작용과 현상에 관해서뿐만 아니라 그 이상으로 여성의 성욕,

성적 상호작용, 문화적인 가치관, 불안감과 공포심 등 여성 특유의 심리적 구조와 생리에 대해서도 깊은 이해가 있어야 하는 까닭에 남자는 부적격하고 여자가 적임자라고 스미스 박사는 설명한다. 여러 말 할 것 없이 우리말에 예부터 '과부의 설움과 사정은 과부가 안다'고 했다. 그러니 여성은 어디까지나 또 언제까지나 남성의 흠모 흠앙의 대상일 뿐, 그 신비경과 신성불가침성을 침범하거나 모욕 모독해서는 절대로 아니 됨을 세상의 모든 남성들이여, 명심할지어다. 옛날 희랍의 시인 미네르무스가 탄성을 지르며 탄식했듯이.

"사랑과 아름다움이
없는 곳에
무슨 삶이 있으며
무슨 기쁨이 있으랴!"
(사랑과 아름다움의 여신
아프로디테가 없는 곳에)
"What life,
What joy
Is there
Without
Aphrodite!"

코스모스 칸타타(Cosmos Cantata)

스위스의 신학자 칼 바르트(Karl Barth 1886-1968)는 천사들을 그대로 내버려두면 그들은 볼프강 아마데우스 모차르트의 곡을 연주하며 놀 것이라고 상상했다. 누군가가 말했듯이 다른 음악가들은 그들이 작곡한 음악을 갖고 천국에 도달할 수 있을는지 몰라도 모차르트는 그가 바로 천국에서 온 천사중의 천사가 아니었을까. 아니 우리가 영화〈아마데우스〉에서 보듯 그는 우리의 마음속에 살아 있을 어린애 하고도 악동(惡童), 그것도 아무런 악의 없이 뛰노는 장난꾸러기 아이가 아닐까 하는 생각이다. 어쩌면 그래서 예수도 우리가 어린애 같지 않으면 천국에 들어갈 수 없다 했으리라. 그렇다면 세상에 못할 짓이 많겠지만 그 중에서 가장 못할 짓은 어린애를 괴롭히고 못살게 구는 것이다. 말하자면 어린 소녀들을 납치 성폭행해가며 이들을 정신적 불구자, 마음의 언청이로 만들어 팔고 사는 인신매매범들 특히 아동유괴범들이 가장 큰 죄인일 것이다. 언젠가 미국대통령 후보로 나섰던 패트릭 뷰캐넌이 그가 대통령 될 자격 없다고 말한 댄 퀘일 부통령 후보에 대해 한 마디 안 하느냐는 기자 질문에 "아동학대 혐의로 고발당할까봐" 아무 말 안 하겠노라고 대답했었다.

고등학교 다닐 때부터 내가 옆에서 지켜 본 J라는 소녀는 방학 동안에 '미소작전(Operations Smile)'이란 의료 자원봉사대 대원으로 필리핀에 가서 언청이 어린애들을 수술해 고쳐주는 일을 도왔다. 수술 받는 아이들이 무서워하지 않게 안심시키고 딴 데 정신 팔게 하려고 장난감으로 준 고무풍선을 어떤 아이는 풍선에서 바람을 빼버린 채 손에 꼭 쥐고 있더란다. 그래 바람을 다시 넣어주려고 하니 그 아이가 바람을 넣으면 오래 못 가지고 놀다가 터져버릴 테니까 그냥 좀 오래 갖고 있도록 해 달라고 사정하더란다. 이처럼 가진 것 없는 가난한 어린애들을 보고 돌아 온 J는 딴 사람이 되어 있었다. 전 같으면 옷 사달라며 그것도 비싼 유행의 명품 디자이너 옷만 입던 아이가 사준다고 해도 이미 옷이 너무 많고 필리핀에 사는 아이들에 비해 자기는 가진 것이 너무 많다면서 사양했다. 이때부터 J는 의학공부를 하기로 결심했다. 돈 많이 벌고 사회적인 지위가 높다고 우리나라 한국부모들 노랫가락 18번인 의사, 판검사 등 '사' 자(字) 타령 때문에서가 아니고 가엾고 불쌍한 어린애들 치료하고 돕겠다는 마음에서였다. J같은 순수한 봉사심과 인류애에 불타는 젊은이들이 앞으로 미국과 한국에서도 늘어날 때 전 인류의 앞날이 밝아올 것은 틀림없다.

그럴 때 슈베르트의 '미완성 교향곡'을 빌려 삶과 사랑의 교향악을 연주하는 단원 한 사람 한 사람 우리 모두가 마치 모차르트의 가극 '요술피리 마적(魔笛)'에서처럼 물과 불의 시련을 끝까지 감내하며 삶과 사랑의 노래에 열중하는 혼연일체가 될 수 있으리라. 언젠가 가수 이승환이 발표한 신곡 '꽃'의 뮤직 비디오가 한국에서 화제라고 했었다. 이 '꽃'은 평화의 상징이며 전쟁을 불식시키고 평화를 이끌어내는 것은 바로 사랑이라는 메시지를 전하고 있었다.

'사랑과 지혜' 또 언젠가 싱가포르에서 성공리에 분리 수술을 마치고 한국으로 귀국한 샴쌍둥이 자매 이름이다. 이 쌍둥이 딸 부모님의 그 때 새해 소망은 "그 동안 도와주신 모든 분들의 가정에 '사랑과 지혜'가 넘쳐나는 것"이라 했다. 이 같은 새해 소망은 청마의 해를 맞은 2014년 한반도에서부터 꽃 피우고 열매 맺어야 하리라.

폴란드의 영화감독 크쉬슈토프 키에슬로브스키(Krzysztof Kieslowski 1941~96)의 〈베로니크의 이중생활(Double Life of Veronique)〉은 1991년 칸 국제영화제에서 여우주연상, 국제비평가협회상 등을 수상한 영화인데 가슴 아프게 환상적이고 교향시적인 작품으로 절묘하게 요염한 아름다움을 발산하는 스위스 출신 여배우 이렌 야곱(Irene Jacob)이 1인 2역을 맡아 열연했다. 그 내용은 같은 날 폴란드와 프랑스에서 각각 출생해 세상 어딘가에 쌍둥이 같은 제 '짝'이 꼭 있다는 확신에서 날로 더욱 간절해지는 열망으로 살아가는 같은 이름의 또 다른 여인 이야기다. 이렇게 쌍둥이로 태어나 떨어져 사는 개인들, 민족들(한민족을 비롯해), 인종들이 어서 다시 만나 같은 한 인간가족으로 가화만사성의 '합창 교향곡'(베토벤의 Symphony No. in D minor 'Choral' Op 125) 이상의 '코스모스 칸타타(Cosmos Cantata)'를 부를 날을 우리 함께 꿈꾸어 보자.

거룩한 바보들

일찍이 러시아의 작가 도스토옙스키가 그의 명작 〈카라마조프가 형제들〉에서 "위정자들이란 결코 국민을 위하는 자들이 아니고 그들 자신의 단순한 권력욕, 더러운 물욕과 세속적인 지배욕에서 백성을 노예로 삼아 그들의 초호화판 대 궁전을 짓겠다는 과대망상증 환자들일 뿐"이라고 갈파했듯이 오늘날 "우리가 사는 세계를 제1, 제2, 제3 세계나 개발국, 개발도상국, 저개발 국가들로 구분할 것이 아니라 세상 돌아가는 사정에 밝은 유식층, 세상 물정에 어두운 무식층, 그리고 잘못된 사상과 정보로 세뇌되고 오도된 우중(愚衆)으로 구별해야 한다"고 소말리아 작가 누르딘 화라는 말한다. 그의 관찰로는 세계의 많은 나라 국민들이 대부분 정확한 정보나 지식에 접할 기회가 없을 뿐더러 소수의 지배계층이 고의로 틀린 정보와 허위 사실 또는 비틀어 곱새긴 왜곡 조장된 '

여론'으로 국민을 속여 통제 지배하고 있다는 것이다. 따라서 정확한 사실 정보 기근은 정신적으로 영양 실조된, 착취 이용당하기 쉬운 부류의 인간을 만들어 놓기 때문에 이들은 깜깜절벽 동서남북을 분간 못하고 뭐가 뭔지 잘 모르거나 알아도 아주 잘못 알고 있어 소수 특권 지배층이 선택해 주는 삶 이외의 삶을 상상조차 못 한다고 1979년 출간되어 1980년도 '영어권 문학상(English-speaking Union Literary Award)'을 수상한 그의 저서 〈달고 신 우유(Sweet and Sour Milk)〉에서 그는 말한다.

최근에 개발된 기술문명의 산물, 팩시밀리, 복사기, 컴퓨터, 인터넷 등의 실용화로 물론 사정이 크게 달라졌고, 그 대표적인 예로 소련연방 붕괴를 들 수 있겠지만 얼마 전까지 상상조차 할 수 없던 일들이 일어나고 있지 않는가. 우리가 살아 온 아니 아직도 살고 있는 한반도 북한의 김일성, 김정일, 김정은 세습제 왕국의 제물이 되고 있는 북한 동포들을 좀 더 이해하기 위해 상상 좀 해보자. 나이 80먹은 고령의 한 노인이 기존 사회질서와 규범에 항거, 한밤중에 가족과 집을 떠나는 장면과 나이 30을 갓 넘긴 한 청년이 방랑자가 되어 전국을 유랑하며 이 세상의 여러 가지 인정적 물질적 사슬을 다 끊어 버리고 그를 따르는 사람들에게 '천국'을 약속하는 것을 상상해 보자. 이 두 위험천만하기 짝이 없도록 순진한 개혁가들인 톨스토이와 그리스도가 오늘날 이 세상에 살았더라면 틀림없이 독방 감옥이나 고문실 아니면 특수 정신병원에 감금되었으리라.

이와 같은 냉소적인 관찰은 남편의 석방을 탄원하는 타티아나 풀루쉬의 편지 속에 들어있다. 다른 많은 소련의 반골들처럼 우크라이나 지방 출신의 수학자인 레오니드 풀루쉬는 전체주의 정권이 행사하는 비인도적인 횡포와 죄악에 반기를 들었다고 정치범으로 특수 정신병원에 감금되었다. 소련의 전체주의적 공산주의 국시에 반대하는 그의 이상주의적 인도주의는 그를 진찰하는 정신과 의사 눈에 나태한 정신분열증으로 밖에는 안 보인다. 그가 정신병원에 들어갈 때는 정신이 멀쩡하고 몸도 건강했었는데 부인 타티아나의 불요불굴의 집요한 노력과 하늘의 도움으로 마침내 석방되어 출국할 때는 그는 숨 쉬는 송장에 불과했다. 조금만 더 그를 감금해 두었더라면 그들이 진단한 대로 그는 정말 정신분열증을 일으키고 말았을 것이다.

"시간이 갈수록 내 심신의 건강이 악화일로를 달리다가 돌이킬 수 없는 지경에 이를까 봐 나는 두려웠다. 내가 정말 미쳐 버려 날 고문하는 자들을 돕게 될까 봐."

이렇게 〈역사의 축제(Festival of History): 한 반골(反骨-叛骨)의 자서전〉에서 저자 레오니드 풀루쉬(Leonid Plush)는 말한다. 그가 부조리의 연극을 좋아하는 것은 당연한 것 같다. 부조리의 연극 드라마야말로 우리 시대의 진정한 현실성을 나타낸다고 그는 본다. 예술과 문학에 관한 여러 가지 그의 관찰이 흥미롭다. 그의 다양한 관심과 흥미가 그를 돌보는 정신병원 의사와 간호사 눈에는 정신분열증 증상으로 보인 것도 무리는 아니었을 것이다. 놀랍게도 그의 자서전엔 그가 받은 고통에 대해서는 별로 언급이 없다. 물론 말하면 잔소리 같아 생략했겠지만 독자는 그 행간에서 뿌리 깊은 그의 의분을 느낄 수 있다. 그의 주된 관심사는 소련 공산주의 사회의 갖가지 불공평과 부정을 독자에게 보여주는 것이다. '공산주의 사회'란 말뿐인 것과 그 이름뿐인 것을. 그래서 집권층 자녀들이 다니는 유치원을 비롯한 특수학교에 매일같이 크리미아 지방에서 특별 수송기로 싱싱한 과일과 채소 등이 배달되는 사실이 스탈린 시대에 저지른 만행 못지않게 그를 격분시킨다.

또 한 가지 그를 분노케 하는 것은 인종적인 편견과 소수민족문화의 말살정책이다. 특히 그의 출신지방인 우크라이나와 기타 소수 민족들에 대해서다. 동북 시베리아 지역의 야쿠트 족을 예로 들면 이들은 이 지방을 찾아오는 백인들 보고 이들의 부인들과 동침해 애를 배게 해달란다. 왜냐하면 백인이 제일이라고 교육받고 세뇌되었기 때문이다. 결점 없는 노동자 계급 출신으로 젊었을 때 그는 공산당의 열성 당원이었다. 아직도 그는 확신 있는 마르크스주의자다. 그의 〈역사의 축제〉에서 그는 자유주의적인 마르크스의 말들을 많이 인용하고 있다. 마르크스주의자들 가운데 독일의 사회주의자 칼 마르크스가 '종교는 백성의 아편'이라고 말한 후 그렇지만 종교는 또한 '무정(無情)한 세상의 유정(有情)한 마음'이라고 부언한 것을 아는 사람이 얼마나 될는지? 예부터 배신당한 신자나 친구보다 무서운 적은 없다고 했다. 그가 보기에 구(舊) 소련 정치체제는 지배인들로 구성된 집권층이 온갖 특권을 다 누리는 단순히 '추상적인 자본주의' 일 뿐이다. 이데올로기가 공리공론 정치로 변질되었고 하나의 말씨 어법(語法)이 되어, 인종, 계급, 충성 따위를 간파하기 위해 시험해 보는 물음 말, 당파의 구호, 표어의 동결상태가 되고 말았다는 것이다. 이러한 체제하에서는 칼 마르크스나 니콜라이 레닌 같은 혁명가들은 누구보다도 제일 먼저 특수 정신병원 독방에 감금되었을 것이라며 그는 자기와 같은 한 반체제 인사 아르카디 레빈이 재판 받는 법정에서 있었던 일을 얘기한다. 검사가 몇 번씩이나 피고인 레빈이라 할 것을 피고인 레닌이라 부른 것이다.

한 세기 전에 나온 도스토옙스키의 〈카라마조프가의 형제들〉에 비추어 볼 때 풀루쉬의 이데올로기에 대한 신념과 소련혁명의 주역들에 대한 그의 신앙은 순진해 보인다. 그의 탁월한 재능과 날카로운 지성에도 불구하고 러시아 고유의 전통적인 '거룩한 바보'의 이미지가 이 〈역사의 축제〉 저자를 감싸고 있다. 물론 이 '거룩한 바보'가 저 '사악한 바보(unholy fool)'인 그의 박해자보다 무한히 낫겠지만 말이다.

바하이교

영국의 시인 겸 화가 윌리엄 블레이크(1757-1827)는 그의 '지옥의 잠언'이란 글에서 "감옥은 법률이란 돌로 지었고 유곽(遊廓)은 종교라는 벽돌로 만들었다"고 했다. 만약 "사람들의 생각과 말은 다르지만 지각 있고 양식 있는 사람들이라면 다 같은 한 가지 종교를 신봉할 것이다"라고 영국의 외과 전문의 앤토니 애쉴리 쿠퍼(Anthony Ashley Cooper 1768-1841)란 사람이 했다는 말처럼 모든 사람이 다 같이 신봉할 수 있는 종교가 있다면 그 한 본보기로 바하이교를 들 수 있을 것 같다. 이들은 그 어떤 독선적인 교리로 무장, 빈 말 갖고 그 어떤 신앙을 강요하거나 강매하지 않는다. 수백만의 바하이교 신도들이 세계 각국에 흩어져 살지만 모하메드가 신의 마지막 예언자였다는 이슬람교의 주장을 무시하고 그는 여러 선지자 중 한 사람이었을 뿐이라고 이론을 폄으로써 이슬람교도들의 분노를 사 이들은 심한 박해를 받아 왔다. 이들은 남녀평등을 주장, 남녀 유별하지 않고 여자들이 베일로 얼굴을 가리지 않으며 여자도 바하이교 지도자가 될 수 있다.

페르시아어로 '신앙의 문(gate of the faith)'이란 뜻으로 '밥(Bab Bab ed-Din 1819-50)'이라 불린 알리 무하마드가 바하이교(Babism)를 세운 지 10년 안에 신도 2만여 명이 순교를 했고 그 후로도 많은 박해를 받아왔지만 최근에 와서는 그 박해가 극도에 달했다는 보도였다. 바하이교 신도는 직장도 박탈당하고 신도 간의 결혼은 반백 년 해로한 부부라도 이들의 결혼이 인정되지 않아 부인은 매음죄로 사형된 후 자식들은 사생아로 취급된다. 보도에 따르면 바하이교 신도들이 직면한 박해는 독일에서 1935년 히틀러의 반 유태인 뉴렘버그 법률이 제정된 이후 독일에 사는 유태인들이 받은 박해 못지않다는 것이다. 독재자 샤의 부패정권을 몰아내고 들어선 이란의 이슬람 혁명정부가 제정한 새 헌법에서는 이란의 국교인 이슬람교 외에 3개의 군소 종교들, 다시 말해 이슬람교가 생기기 전 페르시아 (지금의 이란)의 종교 조로아스터교와 기독교 및 유태교는 인정하면서도 바하이교만은 허용하지 않는다. 그래서 이란 국민이라면 국가가 인정하는 이상의 4개 종교 중 하나를 선택해야 하고 바하이교 신도들은 바하이교를 버리고 개종하지 않으면 살 수 없게 되었다.

교육열이 높은 바하이교 신도들은 다른 이란 사람들보다 유식하고 생각이 진보적이며 혁신적이기 때문에 이상적인 세계정부가 생길 때까지 전 인류의 통합을 위해 노력할 뿐, 국내 정치에는 초

연해 왔다. 그 까닭에 다른 이란 사람들로부터 '반혁명적 반도'로 몰리게 되었나 보다. 바하이교 지도자들이 몽땅 잡혀가 종무소식이고 이란 전국에 걸쳐 바하이교 교도들은 이슬람 사원에 끌려가 이슬람교로 개종을 강요당하고 만일 거부하면 죽임을 당한다. 몸에다 기름을 부어 태워 죽인다. 이슬람교의 성직자들인 물라들은 사원 강단이나 정치 집회 연단에서 '바하이교 교도들은 불결하고 부도덕한 이단자로 외국세력의 앞잡이며 진짜 종교인 이슬람교의 적'이라고 이들에 대한 증오심을 불러일으킨다. 새로 임명된 이란의 검찰총장은 코란경이 인정하는 신자 말고는 다 이교도요, 이교도는 다 없애버려야 한다고 성명을 발표했다. 그러자 평소에 각 지방에서 신임과 존경을 받던 사람들까지 살해당하기 시작했다.

그 한 예로 이란의 수도 테헤란 남쪽 교외 카산이란 마을에 사는 의사 솔레이만 베르지스는 가난하고 병든 사람들의 벗이었는데 어느 날 밤 위독한 환자가 있다는 전갈을 받고 급히 달려가자 여덟 명이 그를 에워쌌다. 환자가 어디 있느냐고 그가 묻자 그들이 대답하기를 "환자는 바로 너다. 네가 환자다. 네 병은 네 종교다"라고 하면서 그에게 덤벼들었다. 뿌리치고 발코니에서 밑으로 뛰어내렸으나 발이 부러져 그는 더 이상 도망갈 수조차 없었다. 그러자 여덟 명이 좇아 내려와 그를 칼로 여든 한 번이나 찔러 죽였다. 한 명이 열 번씩 찌르고 그 중 우두머리가 마지막으로 한 번 더 찌른 것이다. 또 셈난이란 곳에서는 바하이교 신도들인 세 간호사가 나무 가지 자르는 큰 가위로 썰려 죽자 사람들이 신의 축복을 받겠다고 살인자의 손을 잡고 그 피 묻은 손에 입맞춤을 했다. 한편 겁에 질려 바하이교를 버리고 이슬람교로 개종하면 선물에다 환영파티까지 열어주고 이들이 '깨끗해졌다'고 물라가 선고한다. 그렇지만 개종했다가 옛 신앙으로 되돌아가는 기미가 보이면 즉시 사정없이 처형한다. 이러한 보도에 우리가 아직도 중세 '암흑시대'에 살고 있지 않나 하는 착각을 하게 된다. 저 유명한 〈걸리버 여행기〉를 쓴 아일랜드의 작가 죠나탄 스위프트(Jonathan Swift 1667-1745)가 그의 '여러 가지에 대한 생각들'이란 글에서 통탄했듯이 "우리는 서로 미워할 만큼의 종교만 갖고 있을 뿐, 서로 사랑할 만큼의 종교를 갖고 있지 못하다."

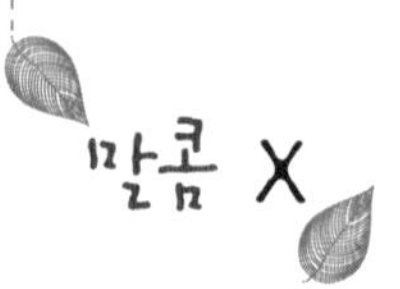

맏홈 X

영어로 '소원이 말이라면 거지도 탈 텐데.(If wishes were horses, beggars would ride them.)'란 속담이 있다. 또 영어에 '환상의 날개를 타고(in a flight of fancy)'란 표현도 있다. 그런가 하면 우리말로는 꿈밖이라느니 꿈에도 없었다느니 꿈 꾼 셈이라 한다. 이 말대로 그 누가 백마가 아닌 흑마를 타고 세계의 모든 약소 국가 민족의 인권 챔피언으로 착취당하고 억압받는 사람들의 투사가 되어준다면 오죽 좋으랴. 커크 다글러스 주연의 영화로도 만들어진, 로마제국에 반란을 일으킨 트레이스 태생의 검투사 출신 스파르타커스 같이, 멕시코의 농지 개혁가 에밀리아노 자파타 같이, 아르헨티나 출생의 쿠바 혁명가 에르네스토 게바라 같이, 그리고 1960년대에 흑백 인종의 통합이 아닌 흑인의 분리주의를 주창하며 흑인의 자존 자립을 위해서는 자기방어 자위책으로 정당방위의 폭력도 불사하자고 흑인의 자존 자긍심을 고무 선양한 흑인 인권 투사 말콤 X(그의 본래의 성씨 Little이 다른 흑인들과 마찬가지로 백인들의 노예 시절 백인들이 지어준 것이라며 버리고 "X"로 개명했음)같이.

그럴 경우 그가 할 일은 무엇보다 먼저 지배계급이 독선 독단적으로 저희들만을 위해 설정해놓고 강압적인 수단과 방법으로 집행하고 있는 갖가지 부당한 법률과 규칙과 관습에 도전하는 일일 것이다. 법이나 상식보다 힘, 수단보다 목적, 진실보다 거짓, 다수보다 소수, 빈자보다 부자, 약자보다 강자, 여자보다 남자, 자유주의나 진보주의보다 보수주의와 복고주의를 옹호하는 법규와 관습 말이다. 그래서 그동안 소수 특권층만이 즐기던 '살만한 삶'을 우리 모두가 다 같이 누릴 수 있도록 말이다. 그런데 이럴 경우, 다시 말해 그 누가 성공했을 경우, 세상이 뒤집혔다고 열광한 나머지 복수심을 불러 일으켜서는 도로아미타불이다. 그렇게 되면 "하늘에 계신 우리 하늘님 아버지" 하는 대신 "땅 속에 계신 우리 땅님 어머니" 부르면서 남성 백인 지배체제에서 여성 유색인 지배체제로 바뀌는 것밖에 없을 것이다. 이럴 때 우리가 조심하고 피해야 할 함정이 흑백논리다. 마치 세상 한 쪽에는 선인만 있고 또 한 쪽에는 악인만 있는 것처럼 생각하고 행동하는 우(愚)를 범해서는 안 된다. 형편과 상황에 따라 모든 비백색 유색인, 비선민인 이방인, 비기독교인인 모든 미신자 이교도, 그러다가는 너와 나, 그리고 마지막에 가서는 오로지 나 혼자만 옳다는 유아독선(唯我獨善), 유아독존(唯我獨尊)이 되고 말 테니까.

이와 같은 유아독선적 유아독존적 가치관이 유사 이래 인류역사를 통해 온갖 잔악무도하고 파렴치한 천하만행을 여호와 하나님, 기독교, 민주주의, 자유세계(누구만을 위한?) 또는 공산주의, 사회주의, 농민, 인민, 아니면 어떤 왕실, 양반, 귀족이나 어떤 제국, 제왕, 천황폐하, 위대한 그 누구나 그 무엇의 이름으로 정당화 하고 미화시켜 왔다. 십자군을 비롯해서 사람사냥 아니면 황금사냥에 나선 서양의 해적들이 반항하는 아메리카 대륙의 원주민 인디언들은 대량 학살 거의 멸종시키고, 복종하는 아프리카 대륙의 흑인들은 노예로 삼아 백인들의 식민지와 제국을 건설해 왔다. 이와 같은 가치관이 최근에는 한국의 분단, 캄보디아의 초토화, 칠레와 니카라과의 붕괴작전, 아프가니스탄, 포클랜드 섬, 그라나나, 파나마, 이락, 리비아 등의 침공을 정당화하고 합리화했다.

한편 이렇게 전횡적인 가치관이 잘못된 것이라고 믿고 반대하는 반항의 정신을 가진 이상(理想 아니 異想)주의자 반골(反骨-叛骨)들은 언제 어디서나 '역적' '반도' '이단자' '광인' '악인' '죄인' '깜둥이' '노랭이' '빨갱이' '파랭이'로 몰려 박해받고 희생된다. 그러니 세상의 모든 폭군을 몰아내기 전에 우리 각자 가슴과 머릿속에 자리 잡고 있는 폭군부터 몰아내야 하리라.

본말전도(本末顚倒)

세상사람 그 어느 누구도 자기가 좋아하지 않거나 믿지 못하는 물건을 그 아무에게도 팔 수 없을 것 같다. 무엇보다도 자기 자신을 포함해서 말이다. 한 인간으로서 자기 자신을, 제 인격과 진심, 성실과 근면, 성심과 성의, 신뢰성과 신빙성을 담보로 제공할 수 없을 때 그 누구도 그 무엇도 그 아무에게도 팔 수 없으리라. 내가 대학에 진학했을 때 일이다. 같은 학과에 들어 온 한 급우가 있었다. 장남인 그의 아버님께서 그 당시 '교육연감'인가를 출판하셨다가 실패하여 가세가 기울자 그는 등록금을 낼 수 없었다. 비록 '고학'하는 신세와 처지였지만 나는 힘 좀 자라는 대로 그를 도왔다. 등록금뿐만 아니라 그의 책값과 옷값 그리고 그의 데이트 자금까지 도왔다. 그것으로도 부족했는지 그는 나보고 그의 어머님께서 하시는 계가 있으니 들어 졸업할 때 목돈을 타라고 했다. 그 당시로서는 엄청나게 큰 금액에다 여러 해(4년) 동안 장기적으로 48개월 곗돈을 매달 붓는 것이었다. 그런데 종국에 가서는 그 계가 '빵꾸'가 났다고 했다. 그 진위와 사실여부를 규명해 보지도 않고 나는 그 친구에게 말했다. "난 네가 나보다 또 세상 그 누구보다 더 똑똑하고 머리 좋은 줄 알았었는데 어떻게 그토록 미련하고 헛 똑똑할 수 있니? 네가 좀 더 약은 사람이었더라면 겨우 3,4년 나를 이용해먹고 떨어지는 대신 내 평생토록 수십 배, 수백 배 날 이용할 수 있었을 텐데 정말 안 됐다. 너야말로 값으로 칠 수 없는 그 어떤 보배보다 값진 '신용자산'을 내버리고 헌 딱지 몇 장 줍는 격이다."

언젠가 조선일보 '一事一言'이란 칼럼 필자 한 분이 지적한 대로 자기 은행구좌에 돈이 없는데 수표를 끊으면 부도가 나듯이 자기가 체험하거나, 느끼고 생각하며 믿지 못하는 말이나 행동을 할 때도 마찬가지 일 것이다. 또 '一事一言'의 다른 필자 한 분이 한 예로 든 이야기에서 낚시꾼 노인의 어깨, 팔, 손등에도 앉던 새들이 그 노인이 새를 잡겠다고 '기심(機心)'을 품고 나간 날에는 한 마리의 새도 그의 근처에 얼씬도 하지 않더라.'는 것 같이 다른 사람을 대할 때에도 한가지 일 것이다. '기심(機心)' 또는 '기심(欺心)'을 갖지 말아야 한다는 좋은 교훈인 것 같다. 애들이 아주 어렸을 때 우리 가족이 영국에 가 살면서 어찌나 영국 사람들이 유머러스하고 재치 있게 또 그러면서도 정중하게 말들을 잘 하는지 나는 경탄을 금치 못했다. 하루는 TV 아동프로를 아이들과 같이 보았다. 대여섯 살짜리 어린 아이들이 나와 토론하는 시간이었다. 그런데 그토록 어린애들이 너무도 거침없이 어른들 뺨치게 말들을 잘하지 않겠는가. 말 잘하는 부모들 영향과 훈련을 잘 받아 그런가 보다고 생각을 하고 있는데 그 중에 한 어린 아이가 '정신적인 설사(mental diarrhea)'란 문자를 썼다. 그 아이가 그 당시 그 말의 뜻을 얼마나 잘 이해하고 그 단어를 썼는지 몰라도 나는 그 말을 듣기가 좀 거북했었다. 하기는 자기 자신 스스로도 잘 이해하거나 몸소 실천하지 못하는 소리를 늘 하고 사는 어른들도 너무 많지만 말이다. 이런 사람들의 어떠한 말이나 행동도 결코 아무런 설득력이 있을 수 없으리라.

그러니 우리가 누구의 잘못을 고쳐 주고 다른 사람을 돕고 인도하며 가르치려 하기 전에, 또 남에게 어떤 도움을 청하고 이해와 동정을 구하며 호의와 선의, 친절과 후의, 우정과 애정을 기대하기 전에 나 스스로 내가 먼저 많이 수양을 하고 덕을 쌓고 정을 쏟고 볼 일이다. 이것이 앞에 언급한 '一事一言' 필자의 은행구좌에 잔고를 넉넉히 두어 어떠한 경우에도 부도내는 일이 없도록 하는 것이리라.

빛 좋은 개살구

우리말에 '양반은 물에 빠져도 개헤엄은 안 한다'느니 '양반은 얼어 죽어도 짚불은 안 쬔다지만 '개살구도 맛들일 탓'이고 '금강산도 식후경'이라고 우리 뱃속 정신부터 차려야 하지 않을까. 어떤 나라, 어떤 인종, 어떤 계층, 어떤 직업의 사람이건 사람이면 누구나 다 사람답게 살기 위해서는 무엇보다 인간으로서의 자아를 발견하고 인간다운 인격을 갖춰야 하겠지만 그러려면 우선 사람 모양새부터 갖춰야 하리라. 또 그러기 위해서는 인간을 비인간적으로 만드는 온갖 독선과 위선, 기만과 착취, 폭력과 무지, 맹종과 맹신, 부정과 부패, 권력만능주의, 무력만능주의, 금력만능주의에서 해방되어야 하리라.

근년에 와서 서구식 '인권사상'이 종교처럼 세계 각처에 파급되고 있지만 아시아, 아프리카, 호주와 뉴질랜드, 남북 아메리카에 살고 있는 유색인종들에게는 빛 좋은 개살구 격이다. “세계의 반수 이상의 사람들이 극심한 빈곤 속에 살고 있다”고 트루먼 전 미국대통령은 1949년 말했다. 오늘날에도 세계인구의 반 이상이 극심하게 궁핍한 생활을 하고 있고 빈부 격차는 점점 날로 더 심해지고 있다. 8억 이상의 우리 인간 가족이 굶어 죽는 세상에서 가난한 빈민국들은 여전히 부유한 강대국들로부터 착취당하고 있다. 먹을 것도 모자라는 제3세계에 선진 서방국가들은 엄청나게 비싼 무기, 초호화판 호텔, 고급 양주와 양담배 등을 강매하고 심지어는 이 무지하고 무력한 사람들을 상대로 여러 가지 화학무기와 살충제 및 새로 개발되는 약품과 화장품 등을 실험하고 있다. 어디 그뿐인가? 각종 공해산업과 그 유독성 폐기물 쓰레기를 이들 약소국가들에게 수출, 덤핑하고 있다.

서양사회에선 소위 동물애호가들이 동물들의 권리를 인간의 권리보다 더 중요시하기도 하지만 동물 내지는 식물의 권리는 제쳐놓고 인간의 생존과 복리를 위해서는 인간의 자유와 평등을 도모하는 것이 급선무이겠으나 공리공론(空理空論)의 이념적 정치적 법적 자유나 평등은 실질적 경제적 일상적 자유와 평등 없이는 그야말로 ‘그림의 떡’에 지나지 않는다. 백인들은 수족관 속의 금붕어처럼 공중누각에 높이 앉아 세계를 좌지우지하는데 유색인들은 흙탕물 속 미꾸라지같이 살고 있다. 이들은 ‘운명의 포로’가 된 채 ‘인과응보’의 ‘업(業)’으로 전생에 진 빚을 이승에서 갚는다고 모든 것을 ‘팔자소관’ 운명으로 돌리고 만다. 물론 이러한 만병 통치식 신앙과 체념 때문에 수많은 인간들이 고해(苦海)와 같다고 비유된 고달픈 삶을 참고 견디어 왔는지 몰라도 이들이 이처럼 숙명론적 사고방식과 정신적인 노예근성에서 벗어나기 전에는 인권다운 인권을 말할 자격조차 없을 것이다. 정신적으로 무지몽매한 사람들을 기독교나 공산주의 또는 자본주의사상으로 세뇌시킨다고 이들에게 인간다운 인격이 부여되는 것은 아니다. 우리 한국인의 경우가 그 좋은 예가 되리라.

더 멀리 거슬러 올라갈 것도 없이 최근 100여 년 역사만 돌이켜 보더라도 한 민족으로서 우리는 우리의 가장 기본적인 인권과 자유를 침해 당해왔다. 청일전쟁과 노일전쟁에 이어 1910년에 이루어진 한일합방이 그 한 예라면 제2차 세계대전 후 미국과 소련에 의한 우리나라 국토의 분단이 또 한 예라 할 수 있다. 이렇게 두 동강 난 우리 민족의 비극은 어쩌면 필연적으로 미, 소 양 진영 사이에 뜨겁게 끓어 온 냉전의 열기 속에서 그 더욱 참혹한 비극인 한국전을 불러 일으켰고 1953년 휴전이 되었으나 긴장이 완화되지 않은 채 우리의 분단체제는 초강대국들의 국익을 위해 굳어져 왔다. 이처럼 우리 민족은 일본의 압제에 시달리다 일본의 패전으로 '해방'을 맞았으나 이것은 우리의 참다운 해방이 될 수 없었다. 우리 힘으로 쟁취한 해방이 아니고 승전국인 미-소에 의존한 것이었던 만큼 이 두 새 지배서력 영향권에 들어갈 수밖에 없었기 때문이다.

개인이나 국가, 혹은 민족 간에 각자 제 힘을 길러 자존, 자립할 때 자유로워질 수 있으리라. 하늘도 스스로 돕는 자를 돕는다 하지 않았던가. 그 무엇보다도 먼저 종교, 문화, 예술에 있어 부화뇌동(附和雷同)하는 사대주의사상의 뿌리를 뽑아버리고 각자대로 제 줏대와 배짱부터 키울 일이다.

배알부터 추스르고 볼 일

우리말에 '배알이 꼴린다'는 표현이 있다. 아니꼬워서 견딜 수 없다는 뜻으로 말이다. 하지만 꼴릴 배알이라도 좀 남아 있는 편이 낫지 않을까. 시인 김지하 씨의 글 〈오적(五賊)〉이 실리는 바람에 폐간되고 말았지만 월간지 〈思想界〉의 당시 발행인 부완혁 선생님이 나에게 '무보수 게릴라 편집장'일을 부탁하시면서 글 쓰는 사람들 가운데는 집권세력에 의해 발탁되기 위해 고의로 정부를 맹비난하는 글을 기고하는 사람들이 있으니 이런 사람들을 경계해야 한다고 하셨다. 옛날에 잠시 했던 신문기자 시절, 동료기자들 가운데 유난스럽게 비분강개하며 위정자들을 헐뜯던 친구들이 얼마 안 가 해외공보관이다, 정부대변인이다, 청와대비서관이다, 권력핵심의 주변인물로 등장했다가 정부 여당의 전국구의원이나 장차관으로 출세가도를 달리는 것을 보아 왔다.

이씨 왕조를 세운 이성계를 비롯하여 일정시대 친일한 인사들처럼 영어속담 대로 '이길 수 없거든 가담 합세해라(If you cannot beat them, join them)'는 처세술에 능한 사람들이리라. 우리나라 역사를 돌이켜 볼 때 '이 몸이 죽고 또 죽어 일백 번 고쳐 죽어도' 변절치 않는 정몽주를 이상주의자라 한다면 '이런들 어떠하며 저런들 어떠하리'의 이방원을 현실주의자라고 할 수 있을 것이다. 남들같이 어려서는 나도 정몽주를 존경토록 교육받았고 살아오면서는 '이런들 어떠하며 저런들 어떠하리'가 더 좀 성숙하고 현명하며 도통한 경지가 아닐까 하는 회의를 가져보기도 했지만 사람은 역시 제 중심 배알을 빼버리지 말고 제 속맘 먹은 대로 자기 자신의 이상을 추구할 수밖에 없지 않을까 하는 결론을 얻게 되었다. 이광수같이 사느니 윤동주처럼 죽는 것이 훨씬 더 행복하리라.

한국의 현대자동차 창사 이후 초창기(1968)에 공채 되어 내가 잠시 기획업무를 볼 때 당시 사장비서로 있던 아가씨 말이 생각난다. 앞으로 결혼하게 되면 온종일 윗사람 밑에서 절절 매거나 비실거리다 넋도 혼도 다 빠져 파김치가 되어 밤늦게 귀가하는 남편 보고 절대로 바가지 긁지 못하겠노라고 했던 말이 생각난다. 하긴 한국사회에서 출세하려면 자전거를 잘 타야 한다지만. 자전거 타듯 강자나 윗사람에게는 고개 깊이 숙여 '네, 네' 굽실거리면서 아랫사람 약자는 짓밟고. 그렇다면 유유자적하는 수밖에 없겠구나. 몸은 그럴 수 없다 해도 마음만이라도 말이다. 옛 선철(先哲) 말씀 한두 마디 되새겨보자.

금은 광(鑛)에서 캐내고 옥은 돌 다듬어 만들어진 것이니 변화를 거치지 않고는 참됨을 구할 도리 없으리라. 음주하는 곳에서도 도인을 만날 수 있고 가무하는 곳에서도 신선을 만날 수 있으니 고아(高雅)할지라도 범속(凡俗)을 떠날 수 없어 세속에 처하되 세속에 물들지 말지라. 부귀하면 남들이 나를 받드나 그것은 내 부귀를 받드는 것이고 빈천하면 나를 멸시하나 그것은 내 빈천함을 멸시하는 것으로 근본적으로 나를 받드는 것도 멸시하는 것도 아니니 좋아할 것도 언짢아할 것도 아니리라. 부귀공명 다 허례허식 허세요 허상이니 얻어도 기뻐하지 말고 잃어도 걱정하지 말라. 유심정토(唯心淨土)는 속맘 마음씨 마음자리에 있으리니. 애오라지 배알부터 추스르고 볼 일이다.

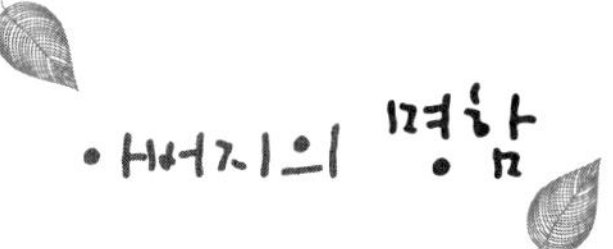

미국 시인 칼 샌드버그(Carl Sandburg 1878-1967)는 그의 자서전 회고록 〈언제나 낯선 젊은이들(Always the Young Strangers, 1953)〉에서 대장장이였던 그의 아버지 삶을 같은 세대의 유명한 미국 언론인/정치인 제임스 블레인(James Gillespie Blaine 1830-93)의 인생과 대조시켜 수많은 이름 없는 노동자들의 미덕을 아래와 같이 칭송한다.

"속된 욕심에 찬 야망, 허위나 허세, 임시변통의 책략과 속임수로 점철된 제임스 블레인의 인생역정을 뒤돌아 볼 때 그의 부귀공명보다 차라리 나는 내가 일일이 이름을 댈 수 있는 20여 명의 단순 소박한 노동자들의 삶을 택하리라. 이들은 세상이 좁다고 설치고 다니면서 다른 사람들을 개혁하려 들지 않고 각자 자기가 하는 일에 재미를 내고 보람을 느낀다. 저 높은 자리에서 점잔 빼며 사악한 음모를 꾸미는 명예와 재산의 매춘부들과 비교할 때 나는 나의 부친 오거스트 샌드버그의 삶과 공적을 바로 보고 이렇게 말할 수 있다. '당신은 비록 그 어떤 위원회 위원장이거나 위원은 아니었어도 아무 것도 아닌 무명씨라기보다 유명씨 그 누구였다고. 당신 인생 순례 길에 만나는 아무에게도 못할 짓 하지 않고 당신을 알게 된 모든 사람에게 당신의 삶을 주고 가셨다'고.

이 말에 우리나라의 한 청년노동자 전태일이 떠오른다. 1948년 8월 26일 대구에서 태어나 1970년 11월 13일 서울 평화시장 앞 길거리에서 스물 둘의 젊음으로 몸을 불살라 죽은 전태일과 또 한 사람이 생각난다. 다음은 현 미국의 뉴욕 주 주지사 앤드루 쿠오모의 부친으로 전(前) 뉴욕 주 주지사 마리오 쿠오모의 말이다.

아버지는 내게 인생에 대해 많은 것을 가르쳐 주셨다. 특히 역경과 고난에 대해. 어느 날 밤 불리하게 돌아가는 선거전에서 지칠 대로 지쳐 자포자기 상태에서 나는 내 골방 서재에 들어가 메모를 좀 하려고 연필을 찾았다. 책상 서랍을 뒤지다가 아버지의 옛날 명함이 나왔다. 우리가 만들어 드린 것으로 그는 퍽 자랑스러워하셨었다.

안드리아 쿠오모
이탈리안 아메리칸 식품상
우량 수입품 재고 다량

이 명함을 쓰실 일이 한 번도 없었지만 아버지는 명함을 갖고 있다는 사실만으로 즐거워하셨다. 내가 지치고 낙담한 상태라고 하면 아버지께서 뭐라고 말씀하셨을까 생각해 보았다. 그러면서 그가 어떻게 어려움을 극복하셨는지 수많은 일들 가운데서 한 장면이 떠올랐다. 아버지가 경영하시던 식품점 뒤에 있는 아파트에 살다가 처음으로 우리 집을 갖게 되어 뉴욕 홀리스우드로 이사한 직후의 일이다. 집 주위로 땅도 좀 있고 나무들도 있었다. 그 중 하나는 전나뭇과의 상록 침엽수 교목인 가문비나무로 높이가 40피트 가량 되었다. 우리가 이사한 지 일주일도 못돼 굉장히 심한 폭풍이 불어 닥쳤다. 그날 밤 가게 문을 닫고 집에 와 보니 이 큰 나무가 뿌리가 뽑힌 채 넘어져 있었다. 프랭키와 나 우리 두 형제는 새파랗게 질려 어쩔 줄 모르고 서있는데 아버지는 말씀하셨다.

"오케이. 자 일으켜 세우자."

"아버지, 아니 무슨 말씀이세요? 나무뿌리가 다 뽑혀 땅 밖으로 나와 있는데요."

"아니야, 우리가 일으켜 세워야 돼. 그럼 나무는 다시 뿌리를 땅속에 뻗고 높이 자랄 거야."

우리 형제는 더 이상 아무 말 못하고 아버지 따라 무섭게 쏟아지는 폭우 속에서 김이 나도록 땀을 뻘뻘 흘리며 그 큰 나무를 다시 똑바로 일으켜 세워 놓고야 말았다. 아버지는 나무뿌리가 박혔던 자리를 더욱 더 넓게 파냈다. 그러자 나무는 점점 더 안전하게 땅속 깊이 뿌리를 내렸다. 우리 형제는 부지런히 삽질을 해 진흙으로 뿌리를 덮고 또 덮었다. 그러는 동안 아버지는 큰 돌들을 갖다 나무의 밑 둥지 주위로 쌓고 나무 주위로 말뚝을 박아 밧줄로 나무줄기 몸통을 튼튼히 붙잡아 주었다. 그러고 나서 두어 시간 지난 다음 둘러보시더니 "걱정들 마라. 다시 잘 자랄 테니"라고 말씀하시는 것이었다. 아버지의 옛날 명함을 보면서 난 울고 싶었다.

오늘날 차를 타고 그 집 앞을 지나가노라면 그 청청 푸른 상록의 침엽수 가문비나무가 크기 65피트 이상으로 하늘을 향해 똑바로 서있는 것을 볼 수 있다. '내가 언제 아스팔트길에 코를 박고 넘어졌더냐?' 그런 일 전혀 없었던 것처럼 말이다. 나는 아버지의 명함을 책상 서랍에 다시 집어넣고 그 서랍을 꽉 잠가버렸다. 그리고 용기백배 분발하여 선거전에 뛰어 들었다. 그 더욱 확고부동하게 굳은 신념으로.

서리서리 꿈 서리

"날마다 늘 새롭게 선택하는 자만이 삶과 자유를 누릴 자격이 있다"고 독일의 시성(詩聖) 괴테는 말했다. 현대 과학에서 최면에 대한 연구조사 끝에 발견한 사실은 우리에게 일어나는 모든 일들이 하나도 빠짐없이 우리 두뇌 컴퓨터에 입력되어 우리가 다 기억할 수 있으나 우리가 의식적으로 기억하고 싶은 것만 기억한다고. 다시 말해 우리가 우리의 기억을 편집한다는 것이다. 공포심, 반감, 투쟁심 또는 사태의 압박감, 불안, 초조함 때문에 많은 기억들을 우리 의식에서 지워버린다는 것이다. 아마도 그래서 기억이라는 과정을 거친 것은 죄다 일종의 픽션이라고 말해야 할지 모르겠다. 그렇다면 역사와 문학이 같은 것이 되지 않을까.

예부터 덧없는 인생의 무상함을 가리켜 인생은 일장춘몽이라 했다. 젊어서는 앞날에 대한 무지갯빛 꿈으로 부풀고 나이 들면 주마간산(走馬看山)이듯 홱홱 지나쳐버린 일들이 꿈결만 같다. 그렇다면 젊어서는 꿈 많은 사람이, 나이 들어서는 추억 많은 사람이 진짜 부자가 아닐까. 또 그렇다면 종자씨 까먹기나 참외 서리보다 봄에 씨 많이 뿌려 무르익은 오곡백과 가을걷이가 훨씬 더 푸짐 느긋하게 신나고 보람이 있을 것 같다. 우리가 밤에 자면서 꿈꾸는 동안은 꿈인 줄 미처 모르다가 잠에서 깨어날 때에야 꿈이었음을 알게 되듯 우리가 이 세상을 떠나는 순간 삶이 또한 꿈이었음을 알게 될는지 모를 일이다. 그러나 우리가 자면서 꿈꾸는 동안에도 더러 어렴풋이나마 모든 것이 한갓 꿈속의 일인 줄 알게 되는 수가 있는 것처럼 이 세상의 삶이 어떻든 간에 또한 꿈에 지나지 않음을 우리가 알 수 있을 것도 같다. 그렇다고 할 것 같으면 우리가 살아 숨 쉬며 잠 깨어 꾸는 꿈이야말로 우리가 꿈속에서 꿈꾸는 꿈이 아닐는지 모른다. 또 누구든 자기가 꾸고 싶은 꿈만 꾸고 꾸기 싫은 꿈은 안 꿀 수 없을 것일까. 문제는 우리가 어떤 꿈을 꿀 것이며 꾸는 꿈을 우리가 어떻게 풀이하느냐 일 것이다. 흔히 우리가 꿈속에서 경험하는 다음과 같은 일들을 꿈 전문가들은 어떻게 해석하는지 알아보자.

개미처럼 또는 다람쥐 쳇바퀴 돌 듯 죽어라 하고, 어떤 괴인이나 괴물로부터 도망치려 해도 손과 발이 말을 안 듣고, 몸이 조금도 앞으로 나가지지 않는 꿈은 직장이나 결혼이나 친우관계 등에 얽매여 벗어나고 싶어도 벗어날 수 없는 함정 또는 궁지에 빠져있는 느낌 때문이다. 높은 절벽에서 낭떠러지로 떨어지는 꿈은 자신의 체면손상이나 사회적인 지위상실을 걱정하는 까닭이며, 공중을 나는 꿈은 비약적인 성공이나 생활향상을 희망하거나 세상의 온갖 근심과 걱정 다 떨쳐버리고 세속적인 일들로부터 초탈해 보고 싶은 염원에서 비롯한다고 한다. 이따금 벌거벗은 꿈을 꾸게 되는 것은 우리의 거짓되고 위선적인 면이 드러나 우리의 적나라한 진상이 세상에 폭로될 것을 두려워하는 것이고 시험문제를 앞에 놓고 그 가운데 가장 쉬운 문제 해답조차 머리에 떠오르지 않아 낑낑거리는 꿈은 일상생활에서 하찮은 일도 제대로 처리할 수 없다는 자신결핍을 반영하는 것으로 풀이된다. 또 버스나 기차 배 비행기를 놓치는 꿈은 절호의 찬스를 놓칠까 봐 걱정하는 것이거나 갈 길이 세상에 하나밖에 없다고 착각하는 데서 발생한단다.

이러한 꿈 전문가들 말을 빌리지 않더라도 꿈보다 해몽이 좋아야 한다는 말을 우리는 익히 들어왔다. 어디 그 뿐인가. 우리가 이 세상에 태어날 때 우리 어머니나 다른 분들이 태몽을 꾸셨다고 하면서 여러 가지 태몽에 여러 가지 의미를 부여하시지 않았는가. 좀 더 생각해 보면 이 태몽이란 것도 태몽에서 시작해서 태몽으로 그치는 것 아니고 태생 전 태 교육으로부터 출발해서 태생 후 탯줄 아닌 탯줄로 이어지는 정신적 세뇌작업 또는 심리적 승화작용을 통해 꿈꾸듯 하는 삶의 꿈이 연면히 계속되는 것 같다. 그런즉 서리서리 꿈 서리하렷다.

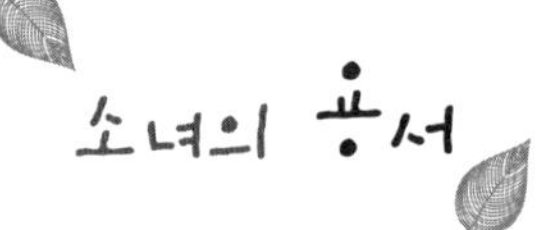

소녀의 유서

언젠가 여러 해 전에 미국의 월간 화보 라이프(LIFE)지가 펴낸 사진을 곁들인 포토에세이집 〈삶의 의미에 대한 감상들〉이 있었다. 이 책은 〈삶의 의미〉의 속편으로 우리가 왜 존재하는가라는 이 시대 아니 만고의 궁극적인 의문에 대한 '해답'을 세계 도처에 사는 365명의 유명 또는 무명 인사로부터 구해본 것이다. 수록된 사진들은 세계의 일류 사진작가들이 생생한 컬러 이미지로 삶의 정수를 포착한 것들인데 36개국과 달에서 찍은 경치가 마치 우주 무변의 무한한 공간과 영원무궁의 시간을 한 순간 한 장면에다 응축 응결시켜 논 것 같았다. 그리고 실린 글들은 53개국 사람들의 말이다. 그 가운데서 발췌한 일부가 시사주간지 타임지에 실린 것 중 몇 사람의 글들을 여기에 요약해 옮겨 본다.

“난 정말 삶의 의미를 알고 있지만 밝히지 않겠다. 즐겁게 살라는 것 말고는.” 미국 작가 고어 바이달(Gore Vidal 1925-)의 말이다. “삶의 의미는 삶이 표현되는 모든 것에 담겨 있다. 우주 자연 모든 것에 나타나는 무한 무수한 형태와 현상 속에 있다. 삶은 아름다운 꽃들과 노래와 음악으로 피어나고 별들과 성운과 은하수로 폭발한다. 우린 살아있는 가슴 뛰는 춤추는 우주 속에 존재하고 특전이 부여된 종자(種子)이다. 모든 생명의 창조적인 힘이 우리의 혼속에 가장 생생하게 살아 있으니까. 우리 모두 누구나 그 어떤 목적을 갖고 이 지구 세상에 태어난다. 어떤 것이든 그 목적을 이루려면 우리 각자 속에 있는 신성(神性)의 도화선에 점화, 우리 삶에 의미를 두는 것이다.” 미국의 흑인 가수 마이클 잭슨(1958-2009)의 말이다.

“우린 세속적인 일들에 얽매여 우리가 영적인 추구(우리말로 의역하자면 도(道)닦기)를 위해 이 세상 여기에 존재한다는 것을 이해하지 못한다. 이 구도(求道)의 노정이 인생의 가장 의미 있고 신나는 부분임을 알게 된 것이 내 삶을 혁명적으로 바꿔 놓았다.” 미국의 인기 TV 토크쇼 흑인 여성 진행자 오프라 윈프리(1954-)의 말이다. 다음은 오프라 윈프리가 소개한 자신의 이야기다.

“사람이 세상을 살면서 겪는 일, 매 사건마다 우리가 두려움보다 사랑을 선택할 기회를 주는 것이라 나는 믿는다. 내 인생에 있었던 좋은 일들은 다 내가 사랑을 선택한 데서 생긴 것들이다. 기쁨과 희망 그리고 우리 모두가 타고난 우리의 영적 갈망을 달래는 일 말이다. 그 반대로 두려움이란 우리 자신이 수준미달로 사람대접 받을 만하지 못하다든지 하는 우리 자본주의사회가 말해

주는 최면술에 걸려 욕구 충족 아니 만족과 행복이 물질적인 재화를 남보다 더 많이 획득하는 데서 온다고 착각하는 것이다. 그렇지만 우리 각자 깊은 속에서는 그것이 아니고 그 이상의 것이 있어야 함을 인지한다. 그 아쉬움과 그리움이란 나 스스로를 사랑하고 싶은 동경이다."

언젠가 나는 끔찍한 범죄 피해자들이 그들의 가해자들과 상면하는 토크쇼를 본 적이 있다. 그 가운데 17세의 한 소녀가 4년 전 자기를 폭행해 아무도 알아 볼 수 없도록 만들어 놓고 죽은 줄 알고 버리고 떠났던 남자에게 방송 중 말하는 것이었다. 그 동안 열일곱 번의 수술을 받고 얼굴을 완전히 새로 성형해야 했는데도 소녀는 범인에게 말했다. "난 당신이 내게 한 짓을 미워하지 난 당신을 미워하진 않아요. 그리고 난 내 삶을 계속해 나가기 위해 당신을 용서할 것을 배워야 했어요." 이 날까지 내가 들어 본 가장 감동적인 말이다. 그 순간 소녀는 우리가 왜 여기 있는 지를 말해준 것이다. 인간의 조건에도 불구하고 사랑할 것을 배우기 위해, 두려운 인간 조건을 초월하기 위해서 말이다.

부메랑(boomerang)

희랍신화에 손에 닿는 모든 것을 황금으로 변하게 하는 힘을 부여 받았던 프리지아(Phrygia)의 왕 마이다스(Midas)의 이야기가 있다. 손을 대는 것마다 다 황금으로 변해 그는 죽을 수밖에 없었다. 아무리 황금이 좋다지만 사람이 황금을 먹고 살 수는 없기 때문이었다. 서양에서는 유태인들을 꺼리듯 한국에서는 개성사람들을 멀리 해 온 것 같다. 그 이유는 이들이 영국의 극시인 윌리엄 셰익스피어의 〈베니스의 상인〉에 등장하는 냉혹한 고리대금업자 샤일록이, 그리고 영국의 소설가 챨스 디킨스의 〈크리스마스 캐롤〉에 나오는 수전노 스쿠르지가 이기적이고 인색하기로 소문났기 때문인지 모르겠다. 물론 편견이 많이 작용했겠지만 말이다.

좀 과장되긴 했겠지만 개성사람들이 얼마나 경제적이고 절약하는지를 말해주는 얘기들이 있다. 개성사람 집 밥상에는 밥 한 그릇뿐이고 소금에 절인 짠 조기 한 마리가 천정으로부터 밥상 위로 매달려 있어 밥 한 술 입에 떠 넣고는 그 짠 조기를 한번 반찬으로 쳐다본단다. 또 어느 누가 개성사람 집 뜰 안으로 짠 조기 한 마리를 던졌더니 그 집 주인 어른이 이 웬 '밥도둑'이냐고 펄쩍 뛰면서 집안 식구들이 이 짠 조기 때문에 밥을 많이 먹게 될까 봐 이 조기를 집어 울타리 밖으로 되 던져 버리더란다. 내가 아는 사람의 아버님께서는 옛날 개성에 사실 때 볼 일 보러 집 떠나 먼 길 가실 때면 주머니에 떡을 몇 개씩 넣고 가셨는데 아무리 배가 고파도 떡이 쉴 때까지 참고 기다리셨다고 한다. 쉰 떡을 잡숴야 소화가 안 돼 배고픈 줄 모르고 오래 버티실 수 있었기 때문이다. 그래서였는지 그분은 오래 못 사시고 일찍 돌아가셨다고 한다.

영어에 'penny-wise and pound-foolish'란 말이 있듯이 이야말로 한 푼 아끼려다 천 냥 만 냥 잃기 아닌가. 작은 것을 탐하다 큰 것을 잃는 소탐대실(小貪大失)이다. 하긴 이기적이고 인색한 것이 개성사람이나 유태인만은 아니다. 영국 작가로 〈기상천외의 이야기들(Tales of the Unexpected)〉 등의 저자인 로알드 달(Roald Dahl 1916-1990)이 생전에 어느 한 인터뷰에서 한 다음과 같은 말은 유태인뿐만 아니라 우리 모두가 귀담아 되새겨 볼 만 하다.

"유태인 기질 또는 근성에는 사람들의 반감을 사고 적의까지 불러일으키게 하는 특징이 있다. 아마 이것은 비 유태인에 대한 그들의 도량이 좁고 관대함이 부족하기 때문인지 모르겠다. 내 말은 언제 어디서나 그 무엇을 또는 그 누구를 반대하는 주의가 생기고

운동이 일어날 때는 다 그럴 만한 이유가 있다는 뜻이다. 심지어 히틀러같이 고약한 독재자도 아무 이유나 까닭 없이 유태인을 괴롭힌 것은 아닐 테니까."

벌써 오래 전부터 미국 LA 지방에서는 한국사람들을 동양의 유태인이라고 한다지 않나. 우린 모두가 누구나 근시안적일 수가 있다. 남을 속이고 해치면서 아무리 돈과 명예를 얻는다 해도 진실로는 비교도 안 되게 더 큰 대가를 지불하게 된다. 다시 말해 보배 중에 보배라고 할 수 있는, 그 무엇보다 소중하고 값진 자기 자신의 양심과 인격을 잃어버리는 사람들이 우리 가운데 많은 것은 인식부족에서 오는 것 같다. 우리가 숨 쉬는 공기, 마시는 물을 더럽힐 때 우리 자신이 피해를 입듯 우리가 남을 해칠 때 실은 우리 자신을 해친다는 것을 많은 사람들이 깨닫지 못하는 것 같다. 비록 신의 존재나 '최후의 심판'을 믿지 않는다 해도 남한테 못 할 짓 했을 때 마음 속 깊이 가책을 느끼지 않을 수 없고 마음의 평화를 잃지 않을 수 없다. 그러니 가해자가 피해자이기도 하다. 그래서 자업자득이라 하나 보다. 따라서 남한테 하는 못된 짓은 자신에게도 못된 짓이 되고 남이 아닌 자신에게 모든 것이 돌아오는 것임에 틀림없다. 던진 자리로 되돌아오는 부메랑(boomerang)같이.

또 한 가지 사족을 달자면 세상엔 산술적으로 계산해서 설명할 수 없는 일들이 있는 것 같다. 그 한 예로 내가 인생살이 77여 년 살아오면서 아주 어려서부터 늘 경험해온 바로는 마치 샘물이나 우물물은 퍼 쓰면 쓸수록 샘물이 고갈되는 대신 더 많이 샘솟듯이 돈이고 정이고 간에 쓰면 쓸수록 쏟으면 쏟을수록 돈도 생기고 정도 넘쳐나더란 것이다. 아마도 그래서 대양(大洋)의 물도 더 줄지도 늘지도 않는다고 하나 보다. 모든 냇물과 강물이 바다로 계속 흘러들기만 한다면 물의 양이 엄청나게 늘어나겠지만 말이다. 또 물이 계속 증발해버린다면 물의 양이 줄겠지만, 그 증발된 물이 구름이 되었다가 비로 쏟아져 내려오는 이치일는지 모르겠다.

'새까귀' 타령

동서고금을 막론하고 사람의 느낌과 생각은 비슷한 것 같다. 다시 말해 길은 달라도 도달점은 같으리라는 것이다. 그래서 구약성서에서도 "이미 있던 것이 후에 다시 있겠고 이미 한 일을 후에 다시 할지라 해도 아래는 새것이 없나니 무엇을 가리켜 이르기를 보라 이것이 새것이라 할 것이 있으랴. 우리 오래 전 세대에도 이미 있었느니라."(전도서 1: 9-10) 그렇기에 사람들 깨달음의 내용은 물론 그 표현방식도 유사한 것 같다. 우리 동양의 옛 선현들은 '한 포기 풀잎에서 온 우주를 감지할 수 있다' 했고 영국의 시인 윌리엄 블레이크(1757-1827)는 "모래 한 알에서 세상을 들꽃 한 송이에서 천국을 볼 수 있도록 네 손에 무한을 한 순간에 영원을 잡으라"고 했다.

예부터 우리나라에서는 '익은 벼가 고개 숙인다' 했듯이 만유인력 법칙을 발견한 영국의 과학자 아이작 뉴턴(1642-1727)은 이렇게 고백한다. "세상 사람들이 날 어떻게 생각하는지 몰라도 난 바닷가 모래사장에서 좀 더 예쁘고 매끄러운 조약돌과 조가비를 줍고 노는 어린애일 뿐 진리의 대양은 내게 미지의 세계로 남아 있다. 남보다 내가 멀리 보았다면 거인들의 어깨에 내가 올라 설 수 있었기 때문이다." 또 어떤 선장은 그의 항해일지에 이렇게 기록해놓고 있다. "오, 신이여, 당신의 바다는 너무도 큰데 내 배는 너무나 작습니다.(O, God, Thy sea is so great and my boat is so small!)" 같기는 오늘날에 와서도 마찬가지이리라. 다음과 같은 시는 만고천추 우리 모두의 참모습과 마음을 노래하고 있다.

물속에는 물만 있는 것이 아니다.
하늘에는 그 하늘만 있는 것이 아니다.
그리고 내 안에는 나만이 있는 것이 아니다.

내 안에 있는 이여
내 안에서 나를 흔드는 이여
물처럼 하늘처럼
내 깊은 곳 흘러서
은밀한 내 꿈과 만나는 이여

그대가 곁에 있어도
나는 그대가 그립다.

— 류시화

이 나무 속에 또 하나의 나무가 있고
이 돌 속에 또 하나의 돌이 있다.
그 빛깔 색조는 달라도
똑 같은 껍질과 무게를 지닌 같은 하나로.
그리고 내 몸 안에 또 하나의 몸이 있다.
기다림으로 내 연륜은 노래한다.
또 다른 몸이 없고
또 다른 세계가 없다고.

— 제인 히르쉬필드(Jane Hirshfield1953-)

자연과 세상이 다 우리 자신의 거울이듯 문학과 예술 또한 그렇다고 할 수 있다. 영국의 대문호 윌리엄 셰익스피어의 〈로미오와 줄리엣〉을 통해 우리도 연인들이 되고, 그의 〈햄릿〉은 우리를 회의와 사색에 잠겨 우유부단한 성격의 소유자로 만들며 스페인의 풍자소설가 미겔 데 세르반테스의 〈돈키호테〉는 현실을 무시한 과대망상적인 공상을 실현하려는 우리 자신의 모습이다. 예전에 들은 얘기로 한국판 돈키호테라 할 수 있는 김삿갓인지 봉이 김선달인지가 하루는 지체 높은 양반집 마님들을 모아놓고 "밤에 영감님 귀인의 귀중한 물건을 너무 꼭 잡고 자면 손바닥에 사마귀 생긴다"고 말하자 모두들 하나같이 제각기 제 손을 펴보더라고 하더라. 모름지기 이 때 이 '사마귀'란 사랑 '사' 자(字), 마음 '마' 자, 귀하신 몸 '귀' 자였으리라. 사랑하는 마음이 지극하다 보면 그 눈에 보이지 않는 마음이 눈에 잘 띄는 손바닥에 아주 작은 하나의 상징적인 귀한 몸으로 강생(降生) 현신(現身)한다는 뜻이었겠지. 아, 그렇다면 이와 같은 일심동체의 표본이 로미오와 줄리엣이고 '살기냐 죽기냐(TO BE OR NOT TO BE)'로 고민하고 고뇌하는 인간상이 햄릿 아닌가.

무위지도(無爲之道)
Let It Be / Let It Go

최근 인터넷에 용도폐기고려대상 목록이 떴다. 이론의 여지없이 당연시 해 온 여러 개념들이 이 목록에 포함되었다. 예를 들면 인간성(human nature), 원인과 결과(cause and effect), 자유의지(free will), 실증된 약품의 효력(evidence-based medicine) 등 모든 것의 이론(the theory of everything)과 수많은 현대 사상이나 망상들이 있다. 출판 대리인(literary agent)으로 자타가 공인하는 '문제제기자(provocateur)'인 존 브록맨(John Brockman)은 그의 온라인 살롱 '엣지(Edge)'를 통해 1998년부터 흥미로운 여러 가지 문제들을 제기해왔다. 말하자면 증명할 수는 없지만 무엇을 당신은 믿는가, 인터넷이 어떻게 모든 것을 바꾸고 있는가, 당신의 어떤 생각이 바뀌었는가 등이다.

총 166명의 철학자, 사상가, 과학자, 작가, 예술인 등 서구사회의 최고 지성을 대표하는 인사들의 에세이를 요약해 십이만 단어가 넘는 개론(槪論)을 edge.org 에 올려 공개토론이 진행 중이다. 과학자들이 진리라고 생각하는 것들이 언제 어디서나 적용될 수 없는, 사실과 허구 사이에 존재하는 것이고, 논리와 수학자들이 옳고 그르다고 정의하는 것도 상황과 형편에 따라 달라질 수 있으며, 죽음조차도 생명이 사라진 물체 몸 덩이가 다른 물질로 변화해 다른 방식으로 생명이 이어지는 게 아닌가 하는 의문을 제기하고 있다. 그리고 소위 '인공 지능(artificial intelligence)'같은 것은 용도 폐지해야 하지 않나. 심지어 인과(因果 cause and effect)나 무한(無限 infinity) 또는 우주(宇宙 universe)같은 개념이 없어도 좋지 않은가 하는 의문을 갖는다. 한 마디로 요약해보자면 과학의 참된 요체는 믿음(faith)이나 진리(truth)가 아니고 의문(doubt)이라는 각성을 촉발시키고 있는 것 같다.

우문(愚問)이란 있을 수 없어
다시 말해 우리 모두 매사에
너무 곧이곧대로 융통성 없이
중차대(重且大)한 막중대사로
지나치게 심각할 필요 없음을.
그 어떠한 교리나 이론으로도
바람처럼 자유롭게 부는 삶을
무지개처럼 하늘에 서는 빛을
이슬처럼 맺히는 사랑의 꿈을
결코 옭아맬 수 없다는 사실을.

돌아가는 지구가 둥글다면
동서남북 위아래가 어디며
네 왼쪽이 내 바른쪽인데
옳은 쪽 그른 쪽 없지 않나.

그러니 무위이화(無爲而化)
무위지도(無爲之道) 따르리.

여기서 우리 비틀스의 노래 'Let It Be'의 가사(존 레논과 폴 맥카트니 공동 작사)를 음미해보자.

When I find myself in times of trouble
Mother Mary comes to me
Speaking words of wisdom, let it be

And in my hour of darkness
She is standing right in front of me.
Speaking words of wisdom, let it be
Yeah, let it be, let it be, let it be, let it be
Whisper words of wisdom, let it be

When the broken hearted people
Living in the world agree

There will be an answer, let it be

For though they may be parted
There is still a chance that they will see
There will be an answer, let it be
Yeah, let it be, let it be, let it be, let it be
There will be an answer, let it be

Yeah, let it be, let it be, let it be, let it be
You know there's gonna be an answer, let it be

And when the night is cloudy
There is still a light that shines on me
Shine on until tomorrow, let it be

I wake up to the sound of music
Mother Mary comes to me
Speaking words of wisdom, let it be

Let it be, oh no, let it be, let it be, let it be
There will be an answer, let it be, let it be
You know there's gonna be an answer, let it be
Oh, let it be

그리고 우리 모두 꼬마들과 함께 디즈니 애니메이션 '겨울왕국' OST의 타이틀곡인 '렛 잇 고(Let It Go)'를 목청껏 불러보자.